蒙古史綱

高越天著

中華書局印行

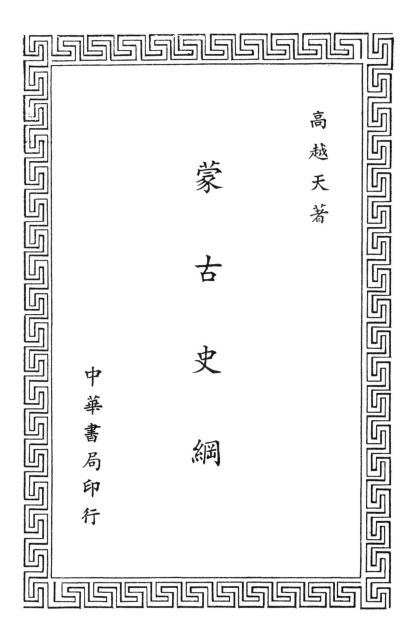

胡序

友人高越天先生，治歷史數十年，所著如中國歷朝興亡紀，中華民國大事紀要，以及各種有關歷史問題之論著，皆著稱於時。茲以新著之蒙古史綱見眎。

蒙古自十二世紀後期崛興以後，縱橫歐亞，建成五大帝國及五大汗國，威稜武烈，使世界成爲蒙古人世界者殆三百年，厥後雖分裂凌夷，至十九世紀後期，蒙裔之獨立汗國皆告消歇。然在中國，則爲共和政體下民族之一，其光榮歷史，允宜有正確之記載。乃一般治史者，皆喜割裂蒙古史之一部份，誇專炫博，僅得一體。如阿富汗、印度、波斯(伊朗)、伊拉克、土耳其、蘇俄等，昔曾被蒙古征服者，皆諱飾而不言。他如日本、意大利、法、英各國，則又側重於現在之蒙疆及西伯利亞、印度、中亞各地之實況，以旅遊考察調查之所得，作有利於己之解釋，以致蒙古七八百年中之史蹟，晦而不明。其間如日人之作，有謂成吉思汗係日人者，土耳其人之作，有謂帖木兒係土耳其人者。至於我國，則自清季以來，如魏源、龔自珍、何焯、文廷式、袁昶、洪鈞、沈子培、柯劭忞、屠寄、王國維、丁益甫諸人，皆治蒙古史及元史甚勤。柯氏所撰成之新元史，糾正舊元史闕失不少。然亦時限於元亡後之蒙裔，地限於內外蒙及新疆。對於蒙胞在俄疆、中亞、印度、近東，各地所建大小汗國之興衰起滅，仍欠詳贍。藉知整個蒙古歷史之編述，允爲今日我國治史者之責。惟此事匪易，必須廣採中、俄、印、土、伊朗、阿富汗各國有關蒙古之史料，以及在蒙藏各地之各種記載，方克有成。

高著蒙古史綱，以年爲經，以事爲緯，引證皆有所本，取材非常切要，文筆簡明，易讀易記，皆爲治繁複史者應具之條件，誠爲具有最大作用，最高價值之書，爰樂而爲之序。

胡鈍俞

中華民國六十一年六月　日

蒙古史綱目錄

下篇　蒙古各汗國之部

附錄一：

蒙古史綱

浙江蕭山　高越天撰

緒論

治世界史者，言上古不可不研究埃及、蘇美、巴比倫、希臘、羅馬、中國，與印度。言中古以迄近代，不可不研究蒙古。因蒙古崛興於十二世紀，至十六世紀以後始告衰落。在此五六百年之中，計建大帝國五：成吉思汗帝國、忽必烈大元帝國、帖木兒帝國、昔班帝國、蒙兀兒帝國。又建大汗國五：東欽察汗國、西欽察汗國、察合台汗國、窩濶台汗國、伊兒汗國。此外，蒙裔各小汗國及蒙裔各部落，更多不勝計。迄今外蒙古雖自存一隅，蒙人已分散於中、俄、印度、伊朗及世界各地，然其武烈，及其對世界整個形勢之創造與改變，曾震鑠歐亞，非任何民族所能及。而五族共和，蒙族為中華民國五族中之一族，允宜編述信史，以誌其盛。

蒙古帝國最強大時，幾囊括整個亞洲、半個歐洲，以及非洲之一部分。惟其間曾再三分裂。而元朝統治中國，遠及大漠。帖木兒統治波斯，遠及印度、俄羅斯。八八兒統治整個印度。西欽察統治歐俄及東歐、北歐。昔班統治整個中亞細亞，及一部分印度。皆威稜奕突，疆土縱橫數萬里，使蒙古人成為時代之寵兒。在往昔視大漠、高山、氷河、雪海不可踰越者，以及不同之民族，不同之宗教，不同之風俗習慣，造成人為阻塞者，蒙古鐵騎所至，日行數百里，所當者破，所擊者服，竟鑿破洪濛，橫絕大野，由亞洲之東北部以迄歐洲之東北部，又由亞洲之中西部以迄歐人所稱之中東與近東而達非洲，迫近歐洲之南部。如果蒙古人當時不因大汗逝世，兩度囘師，歐洲與非洲，恐皆不免入於蒙古之統治。此蒙古旋風與「黃禍」(Yellow Peril) 之稱所由來也。

亞洲地形，西北高而東南低，東南部更因近海及緯度關係，氣候溫和，物產豐饒，故先民自西北逐漸向東南移動。其間歷時數千年，始建成一個統一性之中國，東亞之武功與文化，遂以中國為代表。十世紀以前，中國漢唐鼎盛。匈奴北徙入歐洲。突厥西遷入中亞，遠至波斯。漢唐則拓展疆土，開發交通，聲威遠及於大食、印度。然與歐洲則始終隔絕。比至十二世紀，蒙古人興起於中國北部，先入中亞，繼至東歐，入中亞至西亞者，與埃及、土耳其、羅馬教廷接觸。入東歐者，與馬扎爾、日耳曼、波蘭等接觸。其所建之大帝國及各大汗國，遂橫絕歐亞，面對歐非兩洲。至是，西方國家方知有東方。十三世紀初期，在西方歐洲法蘭西斯派之托缽僧開始遊歷至中亞細亞各地。繼以馬哥孛羅 Morco Polo 由意大利經黑海、伊拉克、波斯，越帕米爾高原抵達新疆，至中國居留多年，又由中國東南部之泉州出海，經爪哇、蘇門答臘而至印度，又從印度至波斯，囘君主坦丁，而返意大利。自有此一環行經驗以後，歐洲葡、西、荷、英、法各國商人，方知由西而東，海道可達印度和中國，商船就不斷摸索東航，比至一四九七年，Varco Da Cama 繞過非洲大陸，發現好望角而至印度，世界交通門戶，始告打開。而同時哥倫布由西航行欲達東方，卻到達巴哈馬羣島，誤認其地爲印度之一部分，但亦由此進而發現美洲新大陸。此後再由美洲新大陸越過落磯山望見太平洋，於是世界之新時代開始。

由此種種因果關係來看世界，可知中世紀之蒙古人，實爲打開世界門戶之先驅。當蒙古人版圖最廣的時候，西起歐洲維斯杜拉河與多腦河下游。東至太平洋。北起於北冰洋。南止於波斯海灣，喜馬拉雅山與馬來半島。其間疆域雖時有變動，帝國與各汗國分合無常。但在十二世紀後期到十四世紀上期二三百年中，蒙古人卻是天之驕子。可是一到了十四世紀後期，中國漢族恢復本土，俄國則斯拉夫族逐漸脫離蒙古統治而強大。波斯、土耳其、阿富汗、越南、緬甸、暹羅、高麗各國亦先後脫離獨立。蒙裔之帝國與汗國，則元朝於一三八九年崩潰。欽察於一四八〇年傾覆。帖木兒帝國於一四八九年破滅。昔班帝國於一五一〇年敗退而衰弱，逐漸解體。最後僅在印度尚存一蒙兀兒帝國，至一八八五年始告滅亡。從此蒙古人也就退出了世界舞台。其在蒙古本土者，仍度其部落時代之遊牧生活。

綜觀蒙古之興衰，言其歷史，可謂光榮偉大，橫絕一時。吾人讀蒙古軍歌：「可汗如太陽，高高坐東方，威德之所被，煜爲天下光。」「可汗如太陽，敵人如冰霜，太陽一出入。冰霜自消亡。」眞是豪氣雄風，不可嚮邇。至於在文化傳播方面，則如羅盤針、火器、印刷術三種，由東方傳至西方，亦由蒙軍遠征西亞及歐洲開其端。對後來世界性科學的進步，有極大的影響。惟蒙古民族，起於草原，興於戰鬥，俗尙強勁，重視實用。例好貨財美色，以武力侵略爲國策，一經強大，則兄弟諸子，分帳分封。故其後裔之間，政爭不絕。而漸耽逸樂，不事生產，對宗教迷信過度，則又爲衰弱分裂之源。其間變化之激烈，複雜之內容，可謂極神秘、殘酷、離奇之致。玆爲明瞭其發展及衰落之系統起見。先列五大帝國之系統表如次：

（一）蒙古帝國系統表

- （一）成吉思汗蒙古帝國（一二〇六—六〇）（都和林）
  - 長子朮赤分封地
    - 斡爾達（東欽察國）（一二五一）
    - 拔都（西欽察國）（一二五一）
    - 昔班（月即別國）
  - 次子察合臺分封地—八剌合—篤哇（察合臺汗國）
  - 四子拖雷—蒙哥（一二五一）
  - （大汗自轄地）窩濶台（一二二八）—貴由（一二四六）
  - 四子拖雷
    - 忽必烈（大元帝國）（一二六〇）
    - 旭烈兀（伊兒汗國）（一二六〇）
  - 三子窩濶台分封地—合失—海都（窩濶台汗國）（一二六〇）

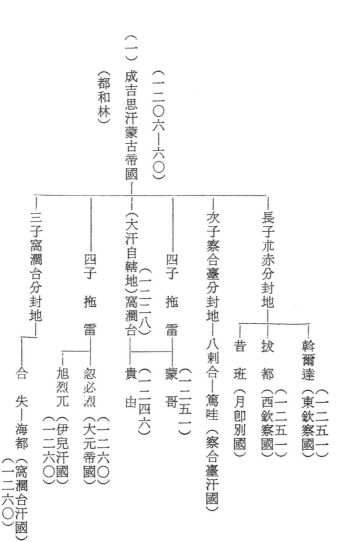

(二) 大元帝國系統表

(二) 忽必烈大元帝國 (一二六〇—一三六九)(都北平)(上都和林)—北元 (一三七〇—九三)(都應昌)—北蒙

北蒙—毛里孩 (一三九四)、韃靼、孛来、瓦剌、俺答

—(一六四四—一九一〇)
漠南內蒙古
漠北喀爾喀外蒙古—土謝圖、車臣、扎薩克圖
漠西厄魯特蒙古
青海蒙古

(附)(大元帝系) 忽必烈 (一二六〇)—鐵穆兒 (忽必烈孫)

海山
愛育梨拔育八達—碩德八剌
也孫鐵木耳—阿速吉八

圖帖睦兒 (海山子)
和世㻋

妥懽帖木爾 (一三六九)

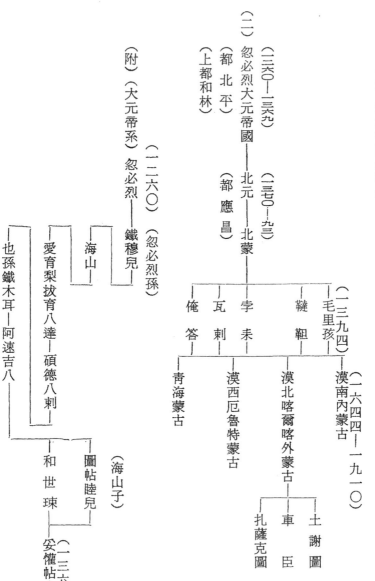

（三）帖木兒帝國系統表

（三）帖木兒帝國（一三七〇—一五〇八）（都撒馬爾罕）（行都哈烈、不花剌）

- 米蘭沙 — 摩訶末烏馬兒 — 卜撒因（初有呼羅珊，後自可失合兒達帖必力思，自起兒漫至木勒壇，以及印度及花剌子模之地。皆爲所有，一四六九年，助突厥黑羊朝之哈散阿里，以大兵攻白羊朝之兀孫哈散，兵敗於哈剌巴黑，被俘見殺。帖木兒帝國大分裂。）
  - 烏馬兒散黑 — 八八兒（入印度建蒙兀兒帝國）
  - 阿里脈 — 其後各汗分裂
- 沙哈魯
  - 亦不剌金 — 奧都剌米兒咱（與月即別汗戰歿）
  - 兀魯伯 — 奧都剌迪甫（弒父後六月被殺）— 諸子分裂（分據河中各地）
  - 拜宋豁兒
    - 阿老倒剌
    - 摩訶末（波斯）
      （以上二人）皆被巴八兒所滅
    - 巴八兒（呼羅珊）— 後汗分裂
- （早卒）加速丁只罕傑兒 — 皮兒摩訶末（守印度，可不里）— 分裂
- （戰死）烏馬兒灑黑 — 阿里亦思干答兒（守法兒思）— 分裂

（附）君臨波斯之蒙古系哈烈國。（一四六〇—一五〇七）莎勒壇忽辛拜哈剌 — 巴的斡思咱蠻（被昔班汗昔班尼所滅）

（附）奄有波斯之突厥蠻白羊朝。（一四五六—一五〇四）兀孫哈散 — 哈里勒 — （後傳二世，被撒非朝所滅）

(四) 昔班帝國系統表

(一五〇一—一五九八)

(四) 昔班朝(月即別帝國)—昔班汗—月即別汗—阿不海爾—昔班尼—
(都撒爾馬罕)
—忽赤春—不賽因—烏伯都剌—阿卜都剌—阿卜都剌
迪甫—納兀魯思阿合馬—皮兒摩訶末—亦思罕答兒—阿卜都剌二世—阿卜都木明。(昔班朝亡。其分散遷徙之部族，即爲月即別哈薩克族。)

(五) 蒙兀兒帝國系統表

(一五二六—一八八五)

(五) 蒙兀兒帝國—八八兒—胡馬雍—阿克拜大帝—傑罕基—奧蘭齊白—巴哈都沙。(巴哈都沙即位
(都德里)
一七〇七年以後，蒙兀兒皇朝衰弱，印度各地分裂混亂。羅闍與那華伯彼此混戰。蒙兀兒各朝君主，在德里僅擁虛名。至一八八五年被英所廢。)

如上各表所列，卽可知蒙古帝國之龐大，以及分裂爲各汗國之複雜。而欲言其詳，尤多困難，因有下列諸因：

一、蒙古本無文字，後至忽必烈時，始命八思巴作蒙古新字，但新字不便，故蒙古史多非蒙文，而係畏兀兒文、漢文、波斯文、回文、西藏文、印度文、俄文等著作。後始有英法文、日文等譯本。而所記者多爲某一汗，某一時代之記載，彼此不易聯貫。若干經過修正之史籍，如黃金史、親征錄等，因多諱飾，反不如樸質之蒙古秘史爲可信。然蒙古秘史僅述成吉思汗及窩濶台汗兩世之事，後此各朝及各汗國之事，旣無人能盡通各國之文字，遂亦未能將各種記載，用編年方法，詳確聯貫在一起。而因編年記事不統一，治蒙古史者東鱗西爪，遂多先後顚倒，繁簡失調。

二、蒙古有其帝國時代，有其汗國時代，及各小汗國分立時代。其間記載，或詳或缺，其缺者至今日甚難補充。近人屢在印度、阿富汗、波斯及中亞細亞各地荒漠古堡中蒐尋殘蹟，冀有發現，然東鱗西爪，所得者仍不足以饜吾人之望。

三、蒙古帝國與各汗國，多係以武力建國，所至之處，焚屠毀滅，城市多成爲荒墟，後雖一部分重建，而三四百年中，彼此易手，又不時分爲若干小汗國或部落，興亡聚散，沙飛灰滅，若干地區，幾無遺跡可尋。亦無根源可溯。（游牧部落流動性大，現住之蒙人，並非昔日住此地蒙人之後裔，故卽至其地，仍無從考稽史蹟。）

四、印度、波斯、阿富汗、俄羅斯諸國，皆曾被蒙古征服。各國爲維持其民族自尊性，對蒙人統治時期之史蹟，多諱而不言，或言而不詳不實。即如中國，記載史事，較爲客觀，不隱善，亦不諱惡。然如元史所載，僅限於中國者，且繆錯甚多。其在中國以外之各汗國情況，則更混亂難信。

五、宗教可以保存歷史，惟蒙古本身係拜天之薩滿教，後則在中亞及俄境者多信回教，在蒙古本土者信佛教。在印度者或信佛，或信回，而分散在各國各地之蒙人，則多與當地盛行之宗教同化。宗教信仰不一，歷史觀念互異，過去歷史不符教義者且禁諱不錄，蒙古之大汗名王，許多雄烈事蹟，遂皆隱沒。（一九二五年，俄人在庫倫附近諾顏山下發現古墓二百十二處。墓內有中國緞、黑黍、棺鑲金，及非中國式之馬鞍，韡係蒙古式，有一男二女六女八女三十女者。女綵襪係中國式。時謂係匈奴名王之墓。要知此乃蒙古各王之墓，惜未考定耳。）

六、現代國家，力求同化其人民。如撒馬爾罕，爲成吉思汗、帖木兒汗、及其後裔之名都，當時建築之美，冠於歐亞，現爲俄屬烏玆別克國之首都，蒙古遺裔在該城者尚甚衆。而問其先人在此龍蟠虎踞之往事，則多茫然不知所對。蒙人尚且如此，若問俄人，捨史學家外，自更無人能言，亦無人願言矣！

七、歐洲人治蒙古史者不少，然多限於譯述。歐人稱西亞爲近東，以別於中國及日本之遠東，對中亞則視爲夙係俄屬，所知不多。所有蒙古對世界之關係，歐人僅重視拔都之西征至東歐，以及旭烈兀之西征至伊拉克，不知二者之前，尙有者別之西征入俄。故在世界通史中，對於十二三世紀之大事，雖述有「蒙古旋風」一章，而全文僅有一頁。且多錯誤。足證西方史學家對於蒙古發展情況，非常淺薄。又如日本歷史學家，侈言日本抗蒙幸有神風，獲得勝利。從而誇大其事謂元軍全滅，尤不足據。此外日人研究蒙古史之作，則多片段湊集，強欲拉成吉思汗與日關係，亦多可笑。惟日人因覬覦滿蒙。對滿蒙之若干調查報告，其精密則非吾華所能及。

八、蒙古姓氏、人名、地名，彼此譯音不統一，譯成漢字，更彼此雷同或互異，諸如鐵木兒、帖木兒、孛禿、孛脫、合泐合、喀爾喀等，往往使人同異之間，難衷一是。而蒙人同名者甚多，年代彼此，往往相距遠甚，若不對照，極易纏誤。

九、近人治史，喜採用第一手資料，故治蒙古秘史者甚衆。然蒙古秘史僅記鐵木眞與窩濶台父子二人一部分之事蹟。卽使完全可信，考證詳盡，亦無從窺測蒙古各大帝國歷時五世紀之全貌。偏而不全，專而不廣，治蒙古史者類皆如此。

十、蒙古本係遊牧民族。部落隨水草而遷移。治史者稱之爲行國。其氏族往往有時互相混合，有時因戰爭不和，而彼此分散。同一氏族，又往往有時從甲方，有時則從乙方，流動性甚爲複雜。比及團結強大，成立帝國，始分帳統率，或定居城市，成爲居國。然大汗及諸王，仍卓帳多處，隨時移動，名曰斡耳朵，所有各種活動事蹟之記載，既不能如居國之詳盡，又無學院經舍等，經常保存。所有遺事，皆賴民間傳聞，其間有可信有不可信。後人覩荒城古堡，大漠沙磧，往往興懷古之思，然若憑當前之景象，信無徵之傳說，則一地名一人名之誤，即可使整個故事，完全不符史實。

具上各因，蒙古史遂如一散串之珍珠，眞僞大小，不易貫連。諸須耐心尋覓，細心編集，從研究考索之中，不斷補充改正，方可望編成一部完整而信實的蒙古史。

本書稱爲史綱，乃係擷要之初編。已矯正舊蒙古史疎誤不少。但尙不能認爲完整。惟有此一編，今後可以按年分國，不斷補正，不會纏錯也不會把大事忽略。至於紀元用公曆，譯地名及人名，力求中國化，所記事實則側重於蒙古之擴展、分裂與衰落，至若大汗名王私人之行爲，儘可能力求簡要。並附以圖表，俾可用以對照比附，收提綱挈領之效。

本作參考書，計爲：

元　史　　宋濂等編著

新元史　　柯紹忞著

明　史　　張廷玉等編著

蒙古秘史　　明人譯（陳彬龢選註以及各家譯註）

細說元朝　黎東方著
六十年來的外蒙古　傅啓學著
帖木兒帝國　布哇著　馮承鈞譯
世界通史　海思、穆恩、威蘭合著
聖武記　魏源著
明史記事本末　谷應泰著
馬可孛羅遊記
天竺遊踪瑣記　李樹青著
印度歷史故事　糜文開著
多桑蒙兀兒史記　屠寄譯
成吉思汗傳　馮承鈞著
元朝制度考　箭內亙著
西突厥史
其他有關蒙古史之記載及譯述

上篇　蒙古帝國之部

一、蒙古民族及各部落

蒙古民族，面黃髮黑，嬰兒初生時，尻部多帶有青色。係東方亞洲人種。淵源甚古。惟初民時無文字記載，僅憑傳說，蒙古秘史謂有蒼狼白鹿，渡騰汲思海而歷代遞傳。（蒼狼白鹿為一男一女，係人名抑係氏族之圖騰，無法考證。）蒙古源流一書中，謂蒙古先世來自西藏，西藏先世則來自中印度。然藏印之間，有喜馬拉雅山之阻，其說似不可信。（印度土著為黑而矮之達羅毘荼人。公元前三千年至二千年間，始有外來之白皙之雅利安人。皆與蒙藏人不同。）蒙古秘史又謂遞傳至阿蘭娘娘一代，生有五子，此後人口日繁，遂成為蒙古部落。

蒙古尼倫部之部落居於中國東北，今黑龍江上游呼倫泊爾之北，布爾罕山之下，在窮荒大野之中，以漁獵遊牧為生，生活艱苦，非強健勇敢，不易生存。故人皆悍鷙，善騎射，喜戰鬥，又因知鍛鐵，能製皮革，做馬鞍、馬掌、打刀矛、造弓箭，部落中遂有工匠鬥士，具備獨立條件，但尼倫部中，彼此分為若干小部落，往往互相攻殺。

十二世紀之後期，蒙古部落，多附服於女眞族之金邦。金邦於一一一四年與於中國之東北，十年以後，進入中國，厥後滅遼、滅北宋，成爲東亞一強大國家，漸習華化。對遼北及蒙疆西域各地，一任各部落游牧。而各別加以統馭。蒙古部落係於一一二五年降金，此後卽叛服不常。一一三五年，蒙古的合不勒可汗且擊敗金邦討伐之師。合不勒汗死後，其姪俺巴孩繼立爲汗，繼續叛金，被主因塔塔兒人誘捕，俘送金邦，釘死於木驢之上。因此，繼俺巴孩而立之忽圖刺汗，統率孛兒只斤部族，展開對塔塔兒人報仇之戰。

忽圖刺有一姪名也速該，乃是勇士。一一六二年，在某一次戰爭中，擒一塔塔兒人，名爲鐵木眞。適其妻訶額侖生一子，遂名之曰鐵木眞。以世系言，上距蒼狼白鹿爲二十四世。此一嬰孩，就是後來震驚世界的成吉思汗。

蒙古部落，分爲兩種：一種是蒙古尼倫部，是孛兒只斤部血統關係較親的部族。一種是蒙古都兒魯斤部，乃是一般的蒙古人。而在蒙古遊牧區域中，尚有東胡族、突厥族。以及彼此混合的部族。茲根據馮承鈞先生所著成吉思汗傳中的考訂，列載如次：

一、蒙古尼倫部各部落：

孛兒只斤	主兒勤	札答刺惕	合塔斤	撒勒札合惕	巴鄰
巴魯刺思	那牙勤	沼兀列亦惕	不答安	阿答兒斤	兀魯兀惕
忙忽惕	失主兀惕	朵豁刺惕	別速惕	泰亦赤兀惕	赤那思
晃豁壇	斡羅納兒	阿魯刺惕	雪你惕	合卜禿兒合思	格泥格思

二、蒙古都兒魯斤部各部落：

朶兒邊惕　兀良合惕　弘吉剌惕　亦乞剌思　斡勒忽納兀惕

許兀愼　火魯剌思　也里吉斤　阿魯剌惕　速勒都思

亦禿兒堅　伯岳吾惕

三、東胡突厥等部：

肅良兀（高麗）　主兒扯（女眞）　塔塔兒　乞塔惕（契丹）　札剌亦兒

蔑兒乞惕　克烈惕　乃蠻　兀兒速惕　帖良古惕　客思的迷

林木中兀良合惕　斡亦剌惕　謙謙州　乞兒吉思　巴兒忽惕

不里牙惕　火爾罕　撒合亦惕　汪古惕（白達達）　唐兀惕（西夏）

亦必兒失必兒

以上各部落，稱「惕」者係指多數人。每一部落，多者數萬人，少者數千人。互相吞併，亦時復彼此和好。因蒙古遊牧區域，非常廣大，（十二世紀時等於兩個中國本土），故勝則大漠廣野，皆爲其所屬，敗則遠遁窮荒，休養繁殖，俟強大後再行擴張。其區域隨部落之強弱而變，不同於居國固定在某地某城。世守而勿去。

在此各部落之中，孛兒只斤部係出自乞牙惕部（Kiyat），爲一善戰之部落。但同族之中，也並不和睦。時相侵掠，其殘暴無理，有時且過於外族。

二、成吉思汗——鐵木眞

（一）鐵木眞之幼年與青年

一一七〇年，鐵木眞九歲。與翁吉剌部女子孛兒帖訂婚，其父也速該送子至岳家歡宴，返家時途徑扯克撒山，見有部落飲宴，下馬索食。不意對方爲塔塔兒人，認識也速該，於飲食中下毒。也速該食後，奔馳回家，三日即死。鐵木眞自岳家歸來，成爲孤兒。

鐵木眞既遭父喪，與三弟一妹及異母弟二人隨母而居，同族之泰亦赤兀惕人欺其孤弱，祭祀時不分給任何食物，遷移時又將屬於也速該部落之百姓帶走。訶額崙夫人甚幹練，持槍上馬，追上部衆，攔回一半。此後即在斡難河上流漁獵遊牧，生活非常艱苦。鐵木眞與其諸弟在苦難環境中成長，皆膂力過人，鬥志高昂，惟蒙俗野蠻，有仇恨即報復。異母弟別克帖兒奪鐵木眞釣得之魚，捕得之鳥，鐵木眞即將其射死。

泰亦赤兀惕族欲併吞也速該部落，突來襲擊，鐵木眞逃入森林之中，數日無食，出林被擄去，入夜，帶枷脫逃，有鎖爾罕失剌者救之，匿羊毛包中得免。遂去古連山，與諸弟打土撥鼠等爲食。有馬賊盜走馬八匹，鐵木眞追踪覓馬，途逢一少年孛斡兒出，結爲好友。（孛斡兒出後爲四傑之一）偕同追上馬賊，奪回馬匹。旋至翁吉剌部與孛兒帖結婚，又拜客烈亦惕族之王汗爲義父。以孛兒帖粧奩中之黑貂裘一襲爲贈品。

一一八〇年，鐵木眞十九歲，篾兒乞惕人胖子脫黑脫阿突來襲擊。鐵木眞逃走，妻孛兒帖被擄去。篾兒乞酋長之弟赤勒格佔爲己妻。鐵木眞旋從不兒罕山下來，椎胸禱天，赴土剌河向義父王汗乞援。王汗命其邀約盟兒札木合，三部合衆三萬人，於一年後，襲攻蔑兒乞惕人。胖子脫黑脫阿三部族皆被擊散，擄殺多人，奪回妻子孛兒帖。途中產一子，裹以麪粉，名之曰朮赤（意爲客人）。

鐵木眞與札木合結爲「安答」，同在篾兒乞一帶遊牧，彼此初甚親密，歷時年餘，忽生猜忌，孛兒帖勸分離，鐵木眞於夜半率部衆不告而別，行至天明，札剌亦兒人、塔兒忽人、乞顏人、巴魯剌人、忙忽人、別速人、晃豁壇人、那牙乞人、巴阿鄰人等小部落，皆相隨而來。繼而主兒乞人、札答剌人亦來，遂偕至額爾古訥河，呼倫泊爾附近遊牧。此一分離，原因當由於札木合剛暴，鐵木眞則能大度容衆，故若干小部落本附於札木合者，反附從鐵木眞。鐵木眞恐遭忌，遂不告而分手。鐵木眞在此後八、九年中，統屬各部族人，甚爲順利，人口及牛馬羊等，日形繁殖，不再如過去之困迫。與札木合亦尙維持友好關係。

（二）鐵木眞稱成吉思汗及其强大

一一八九年，蒙古隨鐵木眞之各部族，共推鐵木眞爲成吉思汗。時年二十八歲。成爲部族中推出之小汗，約有部衆萬餘人。因鐵木眞長於用人。孛斡兒赤、者篾、速別台、木華梨等皆一時之傑，分任牧羊、放馬、修車、衞護等職務，人人得力，勢力日強。

札木合旣妒鐵木眞之隆盛。又因其弟盜馬，被鐵木眞之部人射死，遂率札答闌氏等十三翼共三萬人進攻。鐵木眞亦集合孛兒只斤等十三部族，迎戰於呼倫泊爾之西南平地。結果戰敗，退走三百餘里，至呼倫泊爾之西北。札木合極殘酷，將俘獲之赤那思部族長等活烹七十鍋之多。又殺揑兀歹氏部長察合安，始收兵而回。經此一役，兩雄遂不能並存，蒙古各部因惡札木合之暴，歸附鐵木眞者更多。

鐵木眞續與札木合相持，並壓服內部善戰而驕悍之主兒勤部。至一一九四年，鐵木眞與王汗合兵，助金人夾攻塔塔兒人，殺其部長，破其營寨，以報曾叔祖俺巴孩汗及父也速該之仇。又征服善戰之蔑兒乞惕部，收其民爲兵。續在貝爾泊與合塔斤、塔塔兒、翁吉剌、朶兒邊、撒勒只兀惕五部作戰，亦戰勝，成吉思汗之威名更著。

一一九六年，王汗被乃蠻所攻，衆叛親離，逃入契丹部落，成吉思汗迎救之。一一九九年，成吉思汗與王汗共擊乃蠻，初戰大捷。王汗夜忽撤兵而退，被乃蠻襲擊大敗，成吉思汗命木華梨、孛斡兒出、孛羅忽勒、赤老溫四傑救之，擊退乃蠻，侵入乃蠻南部。

一二〇一年，塔塔兒等五族公推札木合稱古兒汗。又合兵攻成吉思汗及王汗。戰於海拉爾河及特諾克河之間（今興安省），被成吉思汗擊敗。

一二〇二年，成吉思汗與王汗合兵反攻札木合。戰於奎屯。札木合軍中有巫，言云能咒致風雨。不意風雨逆回，天地昏暗，札木合軍大敗潰散。王汗追札木合，札木合乞降，王汗受之。成吉思汗追泰亦赤兀惕部，頸中箭重創。部將者篾口吮其血，至夜半方蘇。敵亦潰散，成吉思汗收其百姓而歸。突厥族之客烈亦人等皆降附。得善射之別速部人者別。命爲將。後擢爲萬戶長。塔塔兒四部被征服，成吉思汗盡殺之。

王汗受札木合之降，爲成吉思汗所不喜。但仍視王汗爲義父。爲其長子朮赤乞婚。並請以己女字王汗之孫。

一二〇三年春。王汗信札木合及子桑昆之言，僞以許婚爲言，誘成吉思汗赴宴。成吉思汗不疑有詐，策騎前往，途經蒙力克老爺帳（係成吉思汗之後父）。蒙力克勸其勿往，成吉思汗悟，匆匆返回，而王汗與札木合突襲之兵已至。成吉思汗急集衆迎戰於三音都爾山，不利。大將忽亦勒答兒腦中箭。（成吉思汗親爲敷創，同帳而寢，後月餘卒。）第三子窩闊台亦中箭。弟合撒兒冲散。幸主兒扯歹射桑昆中腮，王汗始收兵而退。成吉思汗因衆潰，急沿哈爾哈河退走，至班朱尼河，從者僅十九人。成吉思汗禱天飲水誓衆，願同甘苦。旋召集所部，僅餘二千六百人。遂至翁吉剌部，收民練兵，（成吉思汗之母及妻，皆翁吉剌部人。故翁吉剌部不戰而附。）駐營於統格黎小河。

成吉思汗遣使責王汗背義，札木合背信，桑昆不孝（註一）。賡卽移駐巴勒諸海子，並請各遣使議和解，約會於捕魚兒海附近。王汗等不應。蒙古尼倫各部族旋多歸附成吉思汗，又有豁魯剌思部及名爲阿三之回回部等携羯羊白駝等歸附。兵勢又振。是年冬，弟合撒兒自王汗處逃回，告知虛實。王汗派亦禿兒堅至成吉思汗處探視虛實，被成吉思汗擒殺。當卽乘王汗驕惰無備，起兵掩襲，突至者折額爾溫都山，將王汗包圍，王汗時在金頂帳中筵會，不意成吉思汗突襲，苦戰三日，王汗父子突圍逃走，客烈亦愓族及篾爾乞愓族等部衆盡降。王汗勢力全滅。

【註一】『王汗名脫斡鄰。係突厥克烈部。因金邦曾封其爲王，故稱王汗。稱汗後曾殺二弟，又一弟走入乃蠻。其叔古兒罕攻王汗，王汗大敗，僅餘百人。成吉思汗之父也速該救之。奪回部衆，二人結爲「安答」。成吉思汗則稱王汗爲義父。後王汗之弟於乃蠻處借兵攻王汗，王汗逃入契丹回回部落。旋又反出，經過回紇河西地（今寧夏青海一帶），僅餘五羊，刺駝血而飲。成吉思汗救之，迎至營，將擄得之篾兒乞百姓、牲口等與王汗。後合兵攻乃蠻，王汗夜撤營而去。被乃蠻襲擊大敗（事見前）成吉思汗又命木華梨等四傑救之。奪回桑昆之妻及百姓，每次王汗皆云知感。乃竟信子桑昆之言，襲攻成吉思汗於三音都爾山，故成吉思汗責其父子負義背信。』

王汗既敗，逃入乃蠻，被邊哨所殺。以其首獻乃蠻太陽汗。桑昆走西夏爲盜，後至龜玆國被殺。並及其妻子，克烈部亡。札木合先已率殘部投乃蠻。

乃蠻或譯爲奈曼，係蒙古別部，混合有突厥人種，其區域奄有今札薩克圖汗及新疆塔爾巴哈台之地。（阿爾泰山北及唐努烏粱海一帶。）太陽汗頗驕，見王汗之首，展齒而笑，惡爲不祥。而其妻（本係後母）謂「蒙古人歹氣息」，嗾與成吉思汗爲敵。乃蠻遂與札木合聯兵。成吉思汗本有侵略乃蠻之意，雙方遂準備作戰。

（三）成吉思汗滅乃蠻及稱可汗

一二〇四年，成吉思汗整編部衆，簡選精銳，每十人爲一小隊，立千百戶牌子頭。設六等宿衞官，以勇士一千人爲護衞，戰時則爲先鋒。

四月，祭旗，出征南部乃蠻。在杭愛山下兩軍相逢。乃蠻太陽汗欲退兵。其子屈出律及部將笑太陽汗爲婦人，太陽汗遂列陣作戰。成吉思汗之部將者別、忽必來、者勒、速不台四人（時稱四獒）。攻堅陷陣，所向無前，迫使乃蠻軍後退。成吉思汗與弟合撒兒以中軍續進，合撒兒善射，矢無虛發，太陽汗畏之，麾軍退守山頂。札木合見乃蠻軍怯戰，知事不濟。率所部離去，並使人告成吉思汗。蒙古軍遂圍納忽山，太陽汗苦戰，傷重臥地不能起，其部將皆誓死作戰，悉數陣亡。乃蠻軍於夜間跳崖逃命，死者無數。太陽汗創重而死。屈出律逃走，成吉思汗追至阿台山。達達兒、札答闌、朶爾邊、合塔斤各部皆降。蔑兒乞惕部北走，成吉思汗遂略定南部乃蠻（今阿爾泰山南唐努烏粱海一帶）。已取太陽汗之妻爲妾，而以太陽汗之女予窩濶台（卽後曾攝政六年（一二四一—四六）之乃馬眞皇后）。

成吉思汗續攻各部，至秋，攻破台合勒寨，盡俘蔑兒乞惕部。殺曾掠其妻之胖子脫黑脫阿，並分散其百姓。

太陽汗之掌印官塔塔統阿，兵敗時懷金印而逃，為蒙古追騎所獲。成吉思汗問將何往？金印何用？塔塔統阿謂出納錢穀，委用人材，一切用印作為信驗，並將求故主還其印。成吉思汗嘉其忠信，赦其罪，仍命掌印。蒙古始有印符之制。

一二〇五年，成吉思汗越過阿爾泰山，在科布多河附近，擒獲太陽汗之弟不亦魯黑汗。太陽汗之子屈出律逃西遼。北部乃蠻悉平。札木合部衆潰散，隨從五人，縛札木合送成吉思汗。成吉思汗殺五人，勸札木合降，札木合恥為人下，請不流血而死。成吉思汗許之，而厚葬其尸。

成吉思汗以桑昆逃入西夏為言，移兵攻西夏，破力吉里寨及乞鄰古撒城。

一二〇六年。蒙古各部族大會於斡難河之源，擁戴鐵木眞為成吉思可汗（海內的皇帝）。建九旒白纛。大封功臣。以木華黎、孛斡兒出為左右萬戶，世襲千戶。又封孛羅忽勒、者別等九十三人為千戶。恩賞蒙力克、主兒扯歹、豁兒赤等。命兀孫老人為「別乞」，——最長之斷事官。並選一萬人為護衞，分班入值，稱為「大中軍」。蒙古各部本長於騎射，驍勇善戰，但向不統一。至是，在成吉思可汗嚴格編制之下，遂成為舉世無敵之強大鐵騎（註二）。

【註二】　蒙古兵每兵有兩騎以上，機動迅速。戰鬥裝備齊全，作戰方式殘酷，抵抗者屠戮無遺。號令嚴整，戰不返旆，故所至無敵。

一二〇七年，蒙古軍再攻西夏，克兀剌孩城（今寧夏西南龍骨山）。略地至土伯特（西藏）。土汗遣使獻駝隻輜重無算。成吉思汗致書剌麻，遙申皈禮。收阿里三部族八十萬人而歸。

成吉思可汗命長子朮赤攻貝加爾湖西岸之斡爾剌惕人、不里牙惕人、兀兒速惕人、康合思人、合卜合納人、禿巴恩人等，悉皆降服。（今西伯利亞地區布利亞特國諸族）又招諭唐努烏粱海境內之乞兒吉速惕人，以及「七處樹林中的百姓」，（貝加爾湖一帶之失必兒、塔思等族）皆投降。又攻伊犁一帶的回鶻人，回鶻人亦乞附。成吉思汗甚嘉朮赤之能。

（四）　成吉思可汗伐金、伐夏、滅西遼

一二一一年，西州回鶻（今土魯番一帶）獅子王殺西遼派駐之少監，向成吉思可汗歸誠。（其人爲維吾兒族，元時稱爲色目人。）成吉思汗招爲駙馬。

二月，成吉思汗以報祖仇爲言，誓師伐金。七月，攻破烏沙堡，取撫寧各地。先鋒者

別突破居庸關，成吉思可汗入關至龍虎台。蒙古兵蹂躪關內外十餘州。金主乞和，納金帛，蒙軍大掠而退。

西夏主乞降，獻駱駝甚多。蒙古軍喜謂「此行有二得」，因既得金帛，又有駱駝爲之負載而歸。

一二一二年，蒙古破金雲中九郡。正月，蒙軍與金兵三十萬戰於貛兒嘴。木華黎橫戈先登。成吉思可汗麾諸軍並進，金兵大敗，追至澮河，橫屍百里。蒙古兵攻金之西京，（大同）不克。襲攻東京，（遼陽）克之。遼人耶律留哥聚衆十餘萬人，降蒙古。金以大軍攻耶律留哥，蒙古兵助耶律，又大敗金兵。

一二一三年八月，蒙古軍與金軍戰於懷來。金軍敗退。追至居庸關北口，金人以鐵蒺藜封鎖，未克。遂由飛狐口而入，破易州，取南口，殺人如莽。居庸關北口亦不戰而下。蒙軍圍中都（北平）。分兵三路，一由太行山而南，入山西。一由冀東攻遼西，一由北平掃蕩河北山東各府州。金朝內部政變，弒其主完顏永濟，另立完顏珣（史稱金章宗）。

一二一四年，成吉思可汗派人勸金之新主章宗和。三月，金主乞和，納女獻金。四月，蒙古兵退。五月，金遷都汴梁。成吉思可汗怒其無誠意言和，九月，蒙古軍又圍中都，並攻遼西。

一二一五年，蒙古略金河北、山東、陝西、河南各地。軍行所至，勢若風雷，殘破城邑八百六十二。五月，北平父老僧道開城乞降。成吉思汗得契丹長髯人耶律楚材，處之左右，知其多才，事多諮之。

一二一六年，蒙軍縱橫關陝，進入山西，又取西京（大同），成吉思可汗命石抹明安爲國公，守北平。

一二一七年，花剌子模回回國殺蒙古商人，成吉思汗禱天發誓，將西征花剌子模，命木華黎爲「國王」，賜汗建之九斿大旗。負責攻金。曰：『太行以北，朕自經略，太行以南，卿其勉之。』

一二一八年，成吉思汗大會諸王重臣，準備西征。先命者別率兩萬人攻入西遼。殺屈出律（屈出律於一二一一年篡奪其岳父西遼主直魯古之位）。盡有「河中」（Maveran Nahar）之地（今新疆西帕米爾高原及碎葉川一帶）。

木華黎取金大名，及登萊各地。並派使至南宋，約攻金邦。

（五）伐花剌子模，者別西征歐俄，木華黎攻金

一二一九年夏，成吉思汗大舉出兵，親征回回國花剌子模（Khwarizm）四子皆從征。蒙軍兵力號稱六十萬。命弟帖木格留主漠北事。女阿剌合別乞留主漠南事。

花剌子模時爲中亞大國。其擴展係由波斯之一省奄有波斯，拓境至呼羅珊（忽剌桑）、

西遼、阿富汗及小亞細亞。國王阿拉，烏德丁以伊拉克阿者迷之地封其長子，以起兒漫、碣石、馬克蘭等地封其次子。以哥疾寧、范延、古耳、不思忒等地封其三子札拉丁。而己則以不花剌爲都。又以撒馬爾罕爲新都。其母可敦則居於故城玉龍傑赤。其兵多爲康里人及突厥蠻，數達四十萬人。因可敦係康里部長之女，寵用康里人爲大將顯官干政擅權，母子不和。成吉思汗遂行反間計，僞作康里諸大將書，言願爲內應。回王惑之。又因前一年與追擊西遼蔑兒乞人之蒙軍戰於氈的邊境，回軍左中翼皆敗，僅三子札拉丁之右翼戰勝。相持至暮，蒙軍統帥朮赤以兵少，多燃火於營以疑敵，乘夜馳去，比曉，距戰地已二日程。回王方知蒙軍驃悍，若與野戰，毫無把握。遂決策分兵固守各城。結果鑄成大錯。

蒙軍於一二一九年秋，自額兒的失河侵入回回國。分軍四路，察合、台窩濶台、之第一軍進攻訛答剌。朮赤之第二軍進攻氈的，第三軍進攻別納客忒。此三軍皆在攻取昔渾河畔諸城。成吉思汗則親率大軍渡河進攻回都不花剌，截斷被圍各城之援軍。

訛答剌被第一軍圍五個月。援軍哈剌札汗突圍出走，被擒殺。城主哈亦兒汗因曾殺蒙古商人，堅決死守，又一月，城破，苦戰被擒。成吉思汗命鎔銀灌其耳目殺之。夷其子城，驅人民向回都不花剌。途中死者不計其數。

氈的不設備，被第二軍樹梯攻入，驅民於野，縱掠九日。昔格納黑城則因殺諭降之人而被屠滅。

別剌客忒守城之康里將僅守三日，向第三軍乞降。蒙軍入城後，驅民出城，將康里將士悉數殘滅。分民間工匠於諸隊，役丁壯以攻未下諸城。此軍賡卽渡河向忽氈進攻。守城驍將滅里可汗，以千人踞河中島上一堡，堅強作戰，蒙軍三萬，土民五萬，運石塡河而進，滅里可汗以舟突襲，蒙軍損失甚多，而應援日衆。滅里可汗計窮，夜以七十舟載士沿川流突圍而下，兩岸追兵不絕，前途又阻，滅里登岸突圍，從卒皆盡。僅滅里一人得脫。後從札拉丁力戰至死。

成吉思汗之大軍向不花剌者，於途中諭降匝兒納黑城，納兒城，皆簽其丁壯爲兵。一二二〇年三月，進圍不花剌，猛攻數日，守軍二萬人突圍出走，追至阿母河畔，殲滅殆盡。成吉思汗入不花剌，以可蘭經櫝爲馬槽，踐聖經以馬蹄，置酒囊於禮拜寺中，召歌童舞女入寺歌舞，而命教士執隸役護視鞍馬，以辱回教。成吉思汗告衆民已負大罪，己則爲「上帝之鞭」，代天行罰。命富人悉獻藏金。又命居民悉出城，縱兵淫掠。繼又縱火盡焚民居，僅大禮拜堂及宮殿數處獲存。

成吉思汗焚不花剌後，脅迫居民隨軍進攻撒馬爾罕。人民疲不能行者多被殺。撒馬爾罕有康里及突厥兵五萬，防守甚固，成吉思汗先掠其四周城市，絕其援軍。守軍出戰不利，氣沮乞降。蒙軍入城，先毀其壁壘，命居民悉出城，違者殺無捨。康里兵初以爲與蒙古同類，可獲優待，繼見勢迫，一部分欲突圍出走，被蒙軍圍於禮拜寺，縱火焚殺。於是蒙軍悉聚康里人於一處，收其兵械馬匹，至夜悉屠之，死者三萬餘人。人民被殺者亦甚衆。成吉思汗括工匠三萬人分賞諸子諸將，並蒐丁壯三萬人從軍。

回王烏拉丁因怯戰分守，鑄成大錯，河中既失，遂由哈里甫奔哥疾寧，欲西走伊拉克。而蒙古大將者別，速不台之追兵已至呼羅珊。回王急棄你沙不兒而逃。蒙軍遂入巴里黑城。又屠匝哇城，而至你沙不兒。時蒙軍勢若狂飆，回軍已無戰志。速不台遂破徒思、達木罕、西模娘等城，者別則取禡拶答兒諸城，兩軍會於剌夷城下，破城而屠其民。狂追回王至哥疾寧，隨回王之王侯貴族等聞警爭先出奔，士卒潰散。回王率諸子避往哈崙堡，途遇蒙古軍，不知爲回王，以箭射傷其馬。回王急由哈崙堡西奔巴格達。未至，又改道奔岐蘭而至禡拶答而。而蒙古兵續至，攻克都會阿模里及商業城市阿思塔剌巴的。回王窮蹙。逃至裏海之濱。時回王之母可敦由玉龍傑赤出走，避兵於禡拶答而山中古堡，已被速不台所俘。回王之妻妾及四女幼子數人亦被俘。成吉思汗盡殺回王幼子，以其四女分賜其子察合台、拙赤及蒙古家臣。虜其母可敦歸蒙古。

成吉思汗征服花剌子模後，用牙剌牙赤及馬恩忽惕父子爲總管，治理中亞。

回王匿居裏海旁村落中，被人告發，蒙古軍由者別率三萬人掩至。回王急登舟，追兵發矢射之不及，有躍馬入海追舟而溺死者，回王逃上阿比斯渾小島，十二月，憤恚憂惶而死。死時以佩劍付其三子札拉丁，命繼位抗蒙。札拉丁甚英武，糾合餘衆，繼續作戰。

者別之軍因無舟楫，不能入海，遂沿裏海海岸向南岸繞西岸前進，意欲追俘回王。其部隊經由阿塞兒拜展（Azerbaijan）（今伊朗西北及蘇聯之阿塞兒共和國）阿剌溫。（今蘇聯阿兒美尼亞共和國之首都 Yerevan）而至谷兒只（今喬治亞 Georgia）。

當此蒙軍在中亞橫行之時。在東亞中國北部之蒙軍，則由木華黎統率進攻金邦。取正定、衞州、懷州、彰德、大名、磁、洛、恩、博、濬、單各州，亦勢若燎原。金兵屢戰屢敗。漢人史氏、李氏、嚴氏等地方武力皆降於蒙古。

一二二一年，札拉丁鼓勵花剌子模軍民繼續抗蒙。蒙軍攻其故都玉龍傑赤。回王之母戚忽馬兒的斤率衆拒守。蒙軍因統帥朮赤與察合台不和，十萬人攻七閱月不下。成吉思汗聞之大怒，改命第三子窩濶台爲統帥，以全力進攻，登城後以石油逐屋縱火，城民巷戰七日，始乞降。蒙軍驅民出城，除婦孺掠爲奴婢外，餘悉屠之，死者百餘萬人。屠殺後，又引阿母河水灌入城中，玉龍傑赤大城，遂告毀滅。在玉龍傑赤破滅之前，蒙軍進兵至阿母河北之忒耳迷，命降不從，攻十日拔之，盡屠居民。一老婦吞珠入腹，剖腹取之。嗣又分兵入巴達哈傷。降之。並殘破呼羅珊各地。時巴里黑城已降。蒙軍因聞札拉丁在哥疾寧聚兵，恐此大城在後路響應，遂以檢括戶口爲名，盡屠其民而焚其城。

拖雷之軍於二月終攻馬魯城，敗突厥蠻騎兵萬餘，守將乞降，蒙軍入城屠殺居民數十萬人，續攻你沙不兒城。此城爲呼羅珊四大城之一，設防甚嚴，城上有發弩機三千，發石機五百。蒙軍以七萬人環城進攻，用投射火油機及砲石二千五百，雲梯四千。晝夜不息，比曉，壕塹悉平，城墻裂七十口，蒙軍諸面援梯而入，街巷屋舍皆成戰場。屠殺數日，貓犬無遺。拖雷命積男女幼童之首爲三塔。免死者僅工匠四百人。毀城歷十五日，你沙不兒遂成爲廢墟。

拖雷又進攻也里，守將戰死，居民乞降。蒙軍僅殺官吏士卒一萬二千人。而與成吉思汗會師於塔里寒。

是年秋，成吉思汗命將進攻在哥疾寧之札拉丁。蒙軍踰大雪山，進攻范延。察合台之子木禿干被射死。成吉思汗悲憤，下令猛攻。陷落後，不赦一人，不取一物，概夷滅之。此城遂毀滅，至百年後尚無居民（或記係木禿干之妻所爲）。

時札拉丁在哥疾寧已集合古耳人及突厥人之衆六、七萬騎。進至范延附近之八魯灣。擊敗圍攻瓦里養之蒙軍先遣部隊。續與蒙軍四萬五千人遭遇。札拉丁命士卒下馬繫韁於腰而戰。戰二日，勝負不決。第三日戰酣，札拉丁吹角，全軍上馬馳突。蒙古軍出不意，大敗潰走，札拉丁奮勇猛攻，失吉刊，忽禿忽統率之蒙古軍三萬餘人。得脫者無幾。札拉丁殺俘虜以飼鷹犬。成吉思汗聞訊以六萬騎晝夜馳援，戰士皆食生米以果腹，追至印度申河河邊，兩軍惡戰，回軍因突厥蠻及古耳部長叛走，兵力不足，札拉丁初勝後敗。被圍河岸之上。一再突圍不能出，札拉丁脫甲，負盾執纛，從二丈高懸崖上躍馬入河，泅水而渡。士卒多躍水從之，成吉思汗指示諸子，稱許札拉丁爲將才，並戒勿射，而命將渡河追捕。札拉丁集餘衆走德里，繼續與蒙古作戰。雖英武而大勢莫挽（後至窩濶台汗時，兵敗衆散，札拉丁走死於印度邊境一荒山農舍之中。惟回民懷之，謂其不死）。

時者別與速不台進攻欽察之軍，已由阿哲爾拜展進入谷兒只(喬治亞)。旋渡庫爾河，屠馬剌合，阿馬丹二城，過都城帖必力思，攻而未下。破拜勒寒城，又屠之。續敗谷兒只兵三萬於忽難。穿過高加索山脈打兒班山口（時稱太和嶺）。欽察人又糾合迤北康鄰、乞卜察兀惕、巴只吉惕、斡羅速惕、馬扎剌惕、阿速惕、撒速惕、薛爾客速部人、克什米爾、孛剌兒、剌剌勒等十一部落，組成聯軍。者別遂回兵至裏海之北，伏爾加河旁，通知朮赤，增派蒙軍，蒙軍增援後，成吉思汗命者別進攻，約於三年內回師。

一二二二年，在中國北部之木華黎繼續攻取晉、魯、陝各州，金邦形勢日蹙。蒙軍之在印度者，是年北返。因哥疾寧爲一大城，恐留以資敵，集而屠之。也里抗蒙，圍攻六月始下，亦屠之，死者百萬人。馬魯居民漸集，殺拖雷所置之波斯官，蒙軍又圍而屠之。歷時四十一日，馬魯遂成爲廢墟。成吉思汗返駐夏於北印度之八魯灣。中國全眞教道人邱處機由山東西行萬餘里，謁見成吉思汗，隨返至撒馬爾罕，正式講道三次。以天人之理，勸其止殺。成吉思汗時年六十二，頗信其言。始禁屠殺（次年邱歸，全眞教遂盛行於華北，保全生命不少）。

一二二三年，在華北之「國王」木華梨卒。子孛魯嗣。繼續攻金。

是年者别攻欽察之師，又逾太和嶺，進至頓河以西。踏氷過阿速夫海。至克里米亞半島。又轉向北。夏五月，與基輔、扯耳尼哥夫、伽里赤等各王聯軍戰於卡拉卡 Kalka 河西。聯軍與欽察人分南北兩屯拒守，初戰尙佔優勢，乃伽里赤王恃勇，渡河進攻，爲蒙軍所敗，焚舟而逃，全軍盡沒。欽察人又於激戰時潰走，聯軍遂大敗。乞瓦王等乞降。蒙軍縛諸王於地，覆板於上，將卒羣登板上宴飲，諸王多被壓死。俄人謂是役死三王、七十侯。蒙軍勝後，繼續前進，蹂躪南俄，掠可薩半島。又西向至德尼普兒河。因大汗約定三年回師之期已屆，遂北向扯耳尼哥夫、諾夫果羅德、夕尼斯，撤軍而歸。歸途中，又掠窩馬（Volga）卡馬（Kawa）兩河流域。返至康里，四出攻掠，大敗康里人。耀武至科布多與大軍會合——統帥者别於途中病死。由速不台率衆而回。

一二二四年，蒙軍集結於葉密立河。(R. Jmil)東返蒙古之上都和林。其自中東歸者，又破剌夷及柯傷，消滅抗蒙之花剌子模殘部。入阿哲爾拜展之蒙軍，則圍帖必力思城，威脅城主月卽伯盡殺花剌子模之餘衆。

（六）成吉思汗分封四子，滅西夏，及逝世

成吉思汗以征服各國，壤地廣大，分封四子。其區域如下：
長子朮赤封地：西方裏海一帶。本係欽察及花剌子模兩大國之地。
次子察合台封地：中亞鹹海錫爾河流域一帶。本係花剌子模及西遼之地。
三子窩濶台封地：蒙古西北葉密河流域一帶，本係西遼及乃蠻之地。
四子拖雷封地：蒙古本部及西夏金邦長城以北各地。（蒙俗重幼子，謂係「看家的兒子」，故蒙古發祥地及征服之各直轄區域，皆由拖雷掌管。）
各封地皆縱橫萬里，而統屬於大汗。（當時係分封而非分國。）每一封地由中心至邊境，馳馬須一個月。若由蒙古大帝國之中心至邊境，則馬行須一年。
長城以南之中國（金邦）被征服區域，當時似不列入封地。而由「國王」孛魯奉大汗之命統治。

一二二五年，成吉思汗回至禿剌河黑林大營。以西夏與金邦和好，秋率大軍親征西夏。冬獵於阿兒不合，因野馬羣奔馳，坐騎驚逸，墮馬受傷。仍扶病進兵。

一二二六年二月以後，蒙軍攻取黑水、瓦州、肅州、西涼、黃河各地。入冬進攻靈州，踏冰渡黃河，大敗西夏嵬名令公之主力軍。東南侵略至鹽州。

成吉思汗之長子朮赤病卒。朮赤次子拔都繼封於欽察。

在中國之「國王」孛魯，因山東守將李全降宋，遣兵圍李全於益都（次年李全降）。

一二二七年，成吉思汗督部攻西夏之中興（銀川），六月，西夏乞降。蒙軍四出屠掠，西夏人民，死亡殆盡。七月，成吉思汗避暑於六盤山。病亟，旋在清水縣之西江逝世。計年六十六歲。遺命殺來降之西夏國王李晛，並屠滅其宗族。唐兀人之倖存者，分與也遂夫人。成吉思汗葬於蒙古之起輦谷。不知其處。（今甘肅興隆山，則有成吉思汗行櫬）。

成吉思汗卒後，四子拖雷攝政。護衞之蒙古軍十二萬五千人，拖雷得十萬人。大汗直屬之蒙古部落四萬四千五百帳，則分屬於太后、諸王及駙馬。多者一萬帳，少者一千五百帳。

一二二八年，在中國境內之「國王」孛魯死。子塔思繼。年幼無能。金邦兵勢漸振。在冀、晉、陝、豫各省收復多城。

（七）窩濶台繼位及滅金

一二二九年，蒙古諸汗王開忽喇爾大會，選出成吉思汗第三子窩濶台爲可汗。係遵成吉思汗之遺命。

一二三〇年正月，金忠孝軍陳和尚敗蒙古兵八千於慶陽之大昌原。爲二十年來第一次大捷。慶陽圍解。八月，金兵攻塔思之援軍，攻克潞州。窩濶台親征金，進雁門關，過平陽，奪回潞州。渡黃河而至陝西。「國王」塔思攻潼關，不克。

在山東降蒙古之李全，進攻南宋，至揚州，被宋將趙范、趙葵所敗，李全陷入泥淖而死。蒙軍因攻金急，暫不攻宋。

一二三一年，蒙古大將速不台由慶陽、邠州，破鳳翔，金人放棄長安。蒙軍攻至盧氏，被金忠孝軍擊敗於藍田之倒回谷。

南宋軍收復江淮，窩濶台遣使至宋，約夾攻金邦。

賡卽三路出兵攻金。親統中路，由懷慶渡黃河。斡陳那顏統東路，由濟南攻河南。拖雷統西路，經寶鷄過漢中，安康而向唐州。

拖雷聞宋殺蒙古使者，移兵攻入大散關，屠洋州，進至閬中。旋回師陝南，十二月率三萬騎渡漢水至順陽，與金兵十五萬戰於禹縣。初無勝負。金兵嗣因糧盡，退至光化，固守鄧州，蒙軍圍之，不能克。

一二三二年，蒙古中路軍渡黃河，破鄭州，圍金都汴梁。金廷命鄧州之主力軍馳援，蒙軍圍鄧州者解圍而北，正月中，金軍十五萬追至鈞州西南十里之三峯山。蒙古軍築壘阻追兵。窩濶台命口溫不花等率援軍萬騎自後至。金兵被隔阻於重圍之中，時值大雪嚴寒，泥淖沒脛，糧盡饑困，金兵突圍，不得出。歷三五日，蒙軍放開鈞州路縱之走，而伏軍夾擊之，金軍大潰，勢如崩山，驍將張惠持大槍血戰而死。餘衆奔入鈞州，蒙軍追及，一攻卽克。名將完顏彝（卽陳和尚），完顏合達，楊沃衍等皆死。金邦從此不能再振。

蒙軍略地，破潼關、洛陽，圍歸德，消滅關陝援汴殘部。三月，蒙軍又圍汴梁，金人固守，歷時月餘，向蒙古乞和。窩闊台命速不台率軍監視。已則赴綏遠避暑。六月，患瘖疾甚重。弟拖雷禱天乞代，未幾，拖雷死。七月，金人又殺蒙古使者，八月，武仙以二十萬人援汴，在京水一戰卽潰。速不台三圍汴梁。

蒙古命大將合赤溫攻高麗。王暾乞降。

一二三三年正月，金主由汴梁出奔歸德。守汴梁之元帥崔立殺留守而降於蒙古。崔立酷虐栲掠，汴梁人民因饑饉、兵燹、疾疫，及被虐而死者，數達百萬以上。

六月，金主自歸德奔蔡州。

九月，蒙軍與宋軍合攻蔡州。

一二三四年正月，蔡州破。金主守緒（哀宗）自殺。完顏氏全滅。金亡。蒙古與宋約以陳蔡爲界，蒙軍北返後，宋軍進兵，欲收復三京，至洛陽敗囘。至是，蒙古已盡有中國北部地區。

一二三五年六月，窩闊台以兵三路侵宋。西路由甘肅至四川之陽平關。宋軍拒守，未能深入。中路攻至襄陽鍾祥，宋軍堅壁清野，蒙軍大掠而囘。東路於次年攻至黃州、安豐，宋將孟珙、杜杲等拒守。蒙軍因在準備西征，亦斂兵而止。

（八）拔都西征

一二三六年，蒙古征西大軍出發，統帥爲拔都，副帥爲速不台。皇子貴由、合丹及各王長子，各萬戶千戶長子，率部隨征。拔都大會諸王於基發。

窩闊台遣使與宋議和。蒙軍旋破陽平關，入蜀，敗宋軍，宋統制曹友聞戰死於大安。蒙軍攻入成都。至十月，蒙軍退走，宋人收復成都。蒙軍在長江方面攻廬州者，號稱八十萬，宋將杜杲堅守，蒙軍亦退。

高麗向蒙古臣服。

一二三七年，蒙古征西之軍破欽察，擒其酋八赤蠻。冬入俄羅斯，攻克莫斯科等十餘城。續向北俄進兵。在各次戰役中，俄人被屠殺者達二十七萬人之多。

一二三八年，拔都之西征軍向波羅的海及俄北部進攻。克禿思思哥及撒爾哥思。又破阿速部之都城蔑乞思。

一二三九年，拔都之西征軍東渡伏爾加河，破的廓在爾斯科，屠之。南趨端河，克里米亞及阿速海北部地區皆被征服。

蒙軍攻中國之湖北，因並非主力，被宋將孟珙所敗。

一二四〇年，蒙軍攻入俄之基輔，夷平城郭。守將特米脫里力戰，被擒後，拔都愛其勇，命爲從將，特米脫里勸拔都進攻馬札爾（今匈牙利）。蒙軍從之，遂入東歐，與孛烈兒及日耳曼人展開戰鬥。蒙軍分兵三路。拔都統中軍，貝住統北路軍，合丹統南路軍。

一二四一年，窩濶台汗卒於上都，皇后乃蠻氏攝政。遣使召拔都班師。

拔都西征之北路軍由貝住統率者，於四月擊敗孛烈兒與日耳曼之聯軍，五月，與在多瑙河之拔都會師。續與在賽育河與馬扎爾人聯軍十萬人激戰，蒙古軍大勝，殺七萬人，攻入波蘭。

拔都分軍三路。已統中路。北路軍又敗波蘭與日耳曼聯軍於勒基尼赤，入匈牙利，與拔都會師，佔領布達佩斯（今捷克都城）。南路軍則橫掃羅馬尼亞各地，亦引軍來會。準備進攻意大利。當時形勢，已可征服歐洲。歐人惶怖，稱爲「黃禍」。

一二四二年三月，蒙軍攻格蘭城等不下，而另路蒙軍擾亂奧斯達利亞者，則進至距維也納僅三十里之柯能堡。四月，大汗窩濶台逝世凶聞到達，拔都下令班師。

（世界通史將拔都西征與此後之旭烈兀西征，列爲一起。大誤。）

一二四三年，西征之蒙軍回至俄境伏爾加河。拔都下令散遣諸王部隊，各返本土。

一二四四年，蒙古諸王在和林之西開忽喇爾台大會。攝政之皇后乃蠻氏欲諸王擁立其子余古克爲大汗。振都因西征時與余古克不和，延不到會。大會無結果。

一二四六年，蒙古又開忽喇爾台大會。拔都派代表出席，選出余古克繼任大汗（史稱貴由汗——定宗）。

一二四八年，拔都由歐俄東返和林。至新疆之阿拉湖。貴由汗西行欲與拔都會晤。至科布多暴卒（傳係被拖雷之妻所毒）。

（九）蒙哥汗繼立，攻宋，拔都建欽察國，旭烈兀西征，忽必烈南征

一二五一年，蒙古又開忽喇爾台大會。選出拖雷之長子蒙哥爲可汗。拔都東返至俄疆，建西欽察國。其版圖東越烏拉爾山，西至多瑙河，包括歐俄全境，及東歐之羅馬尼亞、保加利亞兩國，以及波蘭之加利西亞。拔都卓帳於伏爾加河下游之薩萊。（Saray），世稱之爲金帳汗。國人則稱之爲賽因汗（意爲好皇帝）。

拔都分出花剌子模，欽察之故土，及西伯利亞「林木中的百姓」，與其兄斡爾達，建東欽察國，世稱爲白帳汗，又於東欽察旁分出一部與其弟昔班，是爲藍帳汗國。

一二五二年，蒙哥汗命也古等第六次攻高麗，國王洽降。蒙軍始退。蒙哥汗命弟旭烈兀（拖雷第六子）西征木剌夷。前鋒一萬二千騎，攻吉兒都庫堡，因地險不克。又命弟忽必烈（拖雷第四子）南征大理。另命大將撒里等進攻印度，入克什米爾。至印度斯坦界，

大掠而還。

一二五三年，旭烈兀率大軍自和林出發西征。成吉思汗諸孫之兵，皆十簽其二。三大將爲綽兒馬罕、貝住及岱兒巴圖。十二月，忽必烈攻入大理，滅蒙氏，收雲南六詔之地，西藏及吐蕃各部皆降服。

一二五四年，蒙古七攻高麗，殘破多城，掠男女二十餘萬人。高麗乞降。

一二五五年，旭烈兀駐軍撒馬爾罕。遣使命西域各屬國出兵攻討木剌夷，有不從者先伐之。羅馬、法而斯、伊拉克、呼羅珊、阿爾佩占、阿而法、失兒灣、喬治亞各部皆以兵至，遂造橋於阿母河西進。圍吉兒都庫堡。續克諸堡。

一二五六年，木剌夷酋阿拉哀丁被馬三德蘭人刺死。其子立，旭烈兀分兵三道前進，九月，圍攻木剌夷之新都梅門迭思兀。猛攻四日，木剌夷酋兀乃克丁庫沙出降。旭烈兀以木剌夷各堡皆險峻不易下，厚撫降人，命以書招各堡降。於是木剌夷五十餘堡皆定。旭烈兀遣木剌夷酋等至蒙古朝覲。至中途，蒙哥汗命盡殺之。又屠滅各地之木剌夷人。不問老少男女，原因爲惡其人狡悍，長於行刺及用毒。木剌夷一部分遺民，逃往埃及。

是年欽察汗拔都病卒。蒙軍在雲南者攻入安南，安南降。

蒙古軍又由雲南攻入四川南部。與由陝西攻入四川北部之蒙軍相呼應。南路爲兀良哈台，北路爲帖赤。兩路會師後，進攻合川，因宋將余玠佈置之山城防禦戰收效，合川守將王堅堅守釣魚山，蒙軍猛攻，迄未能下。

蒙軍第八次攻高麗，被高麗水師擊敗。

一二五七年，旭烈兀議進攻巴格達之黑衣大食——阿拔斯朝。以伊拉克境內大水饑荒，行軍困難，遣使命哈里發歸降。已則駐哈馬丹以待。哈里發欲降。而其臣不從，力請用兵。哈里發遂致幣并以夸大口吻報書，謂歷來攻巴格達者皆獲天譴。旭烈兀初亦躊躇，乃遣將試攻，知其無備，遂決策由體格力斯河上游東渡深入。大食軍迎戰大敗。蒙軍圍巴格達，哈里發出降。蒙軍入城，獲黃金珠寶無算。續又發哈立發之窖藏，而將哈里發閉置於一堆滿金塊之室中餓死。縱兵屠殺人民八十餘萬人，黑衣大食亡（計歷時五百年）。蒙軍兵威大振，旭烈兀準備進攻敘利亞及天方——阿剌伯。東羅馬教廷派使聯絡。

一二五八年，蒙哥可汗親征宋，自和林至包頭。渡黃河，入長城，九月至漢中，十月，攻破利州、劍州、閬州、蓬州各山城。

一二五九年二月，蒙哥可汗親攻合川釣魚山，七月，中暑而死。蒙軍退走。在湖北攻武昌之忽必烈，聞訊亦向北退走。由雲南入廣西攻湖南潭州之兀良哈台，皆相繼撤兵渡江北去。而宋人情報不明，在黃州統兵之賈似道先以卑詞向忽必烈乞和。後知蒙古兵退，又僞報大捷。以欺宋廷。

是年，九伐高麗，高麗臣服。

蒙古西征之旭烈兀進兵至敘利亞，佔領米所波大米亞、亞美尼亞，奪取阿勒坡（Alepho）又佔領大馬色及安提阿喀，向耶路撒冷前進，回教埃及等國與地中海基督教諸國爲之震動。旭烈兀旋得蒙哥可汗兇訊，遂命怯的不花守伊拉克、敘利亞一帶。已則率軍東歸。

【按】世界通史謂旭烈兀之退兵，係被一支回教軍隊擊退，不確。因當時回教軍隊並無抵抗力。須至一三〇二年，埃及之軍方戰勝蒙軍。

三、元世祖——忽必烈（大元帝國）

（一）忽必烈建立元朝，旭烈兀建伊兒汗國

一二六〇年三月，忽必烈即可汗之位於開平（今多倫），四月，其弟阿里不哥即可汗之位於上都和林。窩濶台國後王海都，察合台國後王阿魯忽。蒙哥之後王阿速帶、玉龍答失、昔里吉等皆附之，阿里不哥旋戰敗，奔謙謙州（註三）。

【註三】　忽必烈之繼大汗位，未經過蒙古忽喇爾台大會推舉。而蒙俗又夙以幼子爲「看家的兒子」。故阿里不哥自立爲可汗，諸王多附之。

忽必烈封弟旭烈兀爲伊兒汗，其版圖南抵波斯灣，北抵裏海高加索之太和嶺，東抵阿姆阿，東南抵印度邊境。西抵叙利亞。旭烈兀建都於波斯西北之瑪拉固阿。成爲四大汗國之一。

一二六一年，阿里不哥反攻據和林，忽必烈徵兵自將禦之，十一月戰於昔木土淖爾，阿里不哥退走。

是年欽察汗伯勒克以子姪從旭烈兀西征者被虐殺，出兵攻伊兒汗。旭烈兀拒戰，先勝後敗。埃及王遂通好於欽察。

一二六二年，阿里不哥與察合台後王阿魯忽反目，戰於天山南北各地，戶口多逃亡。大汗忽必烈之權力始固。是年，李全之子李璮在山東歸附宋朝，元軍攻之（拖雷之第八子撥綽爲統師），忽必烈殺平章政事王文統，謂與李璮私通「造反」，元軍旋克濟南，殺李璮。

高麗王卒，在元爲質之王倎返國卽王位。臣附於元。

一二六四年，忽必烈入都北京，稱至元元年。用中國之儒生爲官吏，治理地方。以西域回人負收稅之責。而命蒙人爲達魯花赤以監理之。

一二六五年，伊兒汗旭烈兀卒。窩闊台之孫海都，糾合諸王，在阿爾泰山之南，天山之北，反抗忽必烈。阿里不哥兵敗，至北京向忽必烈謝罪（是年爲元至元元年）。

一二六七年，元發兵圍攻襄陽，宋不能救。元遣使促宋和，宋亦不應，且拘元使。

一二七一年，蒙古忽必烈可汗定國號爲大元。

一二七三年，襄陽被圍七年，向蒙古投降。

一二七四年，初征日本。耀武而還。

一二七五年，宋軍敗潰於蕪湖江上。蒙古軍渡長江。在塞北之蒙軍，擊敗叛王海都。

一二七六年，宋朝向蒙古軍統帥伯顏乞降。蒙古軍入臨安。俘宋幼主及太后等北去。宋臣立幼主之弟於福建。

蒙哥汗之子昔里吉在伊犂附近之阿力麻里自立爲大汗。西方各王皆附之。

一二八〇年，蒙古軍追宋幼帝趙昺至廣東之崖山，宋幼帝溺海而死，宋亡。軍民從死者十餘萬人。元朝遂統治全中國。忽必烈頗用中國之儒術，惟好貨利，用色目人苛征。

一二八一年，元大發兵攻日本，七月，舟師至平戶島，因逢颱風，舟船破壞，損失數萬人。餘衆退至高麗。

一二八二年，昔里吉之亂平，忽必烈將其流放於一海島之上。

一二八三年，元攻占城，不利。

一二八四年，元攻安南，軍敗，元廷續發兵進攻。

一二八六年，元軍攻入安南都城，又攻海口，軍敗還，安南遣人乞進貢。海都與察合台之後王王篤哇聯兵攻至新疆之別失八里（今孚遠北），大敗元軍。

一二八七年四月，遼東「國王」乃顏反，自稱可汗。忽必烈親征，六月，擊敗叛軍，殺乃顏（其餘黨至一二九二年始平）。

（二）滅宋——元朝諸帝

一二九二—九三年，攻爪哇，爪哇降。

一二九四年，元世祖忽必烈卒。蒙古舉行忽喇爾台大會，推皇孫鐵木耳為大汗。

一三〇一年，海都死，子察八兒繼為窩濶台國汗。

一三〇三年，察八兒、篤哇等向元廷洽降。歷時近五十年之內戰始告一結束（察八兒返後，窩濶台汗國被篤哇所併）。

一三〇六年，鐵木兒（成宗）去世。忽喇爾台大會，公推成宗之姪海山為可汗。

一三一一年，海山（武宗）去世。弟愛育黎拔力八達繼立，在位九年。崇敬儒學，並寬容各種宗教，惟爵賞甚濫。

（三） 元朝政衰——蒙古退出中國

一三一三年，母后宏吉剌氏專政，丞相鐵木耳紊亂紀綱，元政始衰。

一三二〇年，愛育黎拔力八達（仁宗）去世。子碩德八剌繼立。

一三二三年，碩德八剌（英宗）被鐵失等所弒。族叔也孫鐵木兒繼立。

一三二八年，也孫鐵木兒（泰定帝）在上都去世。子阿速吉八立，年僅九歲。姦巨燕帖木兒作亂，迎海山（武宗）之子圖帖睦爾至大都繼位。又以兵攻上都。阿速吉八被殺。

一三二九年，圖帖睦爾讓其兄和世㻋為可汗，正月在上都即位（明宗），八月被弒。

圖帖睦爾又爲可汗。因燕帖木兒無才而擅權，元政混亂。

一三三二年，圖帖睦爾（文宗）病故。兄和世琜（明宗）之子懿璘質班繼立，月餘即死，廟號（寧宗）。燕帖木兒迎明宗長子妥懽帖睦爾爲可汗（元謚爲惠宗，明朝稱之爲順帝）。

一三三三年，權臣燕帖木兒病死，妥懽帖睦爾在大都即位。

一三四〇年，元廷逐燕帖木兒同謀之權臣伯顏。朝政仍混亂無起色。妥懽帖睦爾惟以酒色自娛。人民困苦，漢人韓山童以白蓮教號召徒衆，密謀復國。

一三四七年，吳天保在沅州起兵。

一三四八年，方國珍在浙江黃岩起兵。

一三四九年，元廷命賈魯治黃河，大徵民夫，白蓮教密謀起兵。首領韓山童被捕殺。

一三五一年，白蓮教徒劉福通、李二、徐壽輝、陳友諒、倪文俊等起兵，時稱紅巾，亦稱香軍。

一三五二年，元軍敗紅巾，破徐州，屠殺百姓，紅巾更盛。

一三五三年，張士誠起兵，次年自稱「誠王」。

一三五七年，紅巾部將朱元璋在南京稱吳王。因多智略，能用人，兵力日強。

一三五八年，紅巾關鐸之兵，由山西出塞攻陷上都和林。次年攻入東北，元廷與漢北，形成隔絕（關鐸之師縱橫塞外，所向無敵。至一三六一年覆沒於高麗）。

一三六三年，朱元璋破滅陳友諒。盡有湖廣之地。

一三六七年，朱元璋破滅張士誠。又平定兩廣。十月，命徐達、常遇春率甲士二十五萬人北伐。決策先取山東、河南。明軍所至皆克。時元廷內鬨，士無鬥志。

一三六八年，朱元璋稱明帝。明軍大舉北進，取黃河南北各州。

一三六九年，明軍迫近大都（北平）。二月，元主妥懽帖睦爾北走出關。蒙古在中國之統治權告終。

（四）元裔在塞北分建汗國

蒙古退出中國後，時謂「入中國者四十萬人，返塞外者不及十分之一」。實則蒙古並非戰敗，而係入中國習於安樂，怯於作戰，大部分且已與漢人同化。順帝北走後，元將王保保仍在西北助元抗明。一三六九年以後，明軍一再出塞攻擊。一三七〇年，敗故元遺兵，俘十餘萬人。順帝妥懽帖睦爾病故於應昌，明軍驟至，元皇族后妃等皆被俘。太子愛猷識理達剌率數十騎遁走。李文忠追至北慶州始還。一三七二年，徐達率大軍攻王保保戰於土剌河，明軍戰敗。惟李文忠一軍戰勝。此後，明軍不輕出塞，蒙古兵亦不入塞。一三七五年，王保保卒。明軍在遼東敗元太尉納哈出之軍。戰至一三八七年，納哈出降明。元勢愈衰，一三八八年，明藍玉率軍襲攻元主脫古思帖木兒於捕魚兒海，俘皇族平章等二千九百九十四人，軍士百姓七萬七千三十七口。

元朝勢力既衰，土番(西藏)、高麗、安南、占城、暹羅、柬埔寨、緬甸各國皆獨立。一三八九年，元主脫古思、帖木兒在蒙疆被弒，坤帖木兒繼立。部屬奔散。蒙古可汗之勢力日微。而伊兒汗、欽察汗等皆不救援。一三九八年，明命晉、燕、代、遼、甯、谷，六王防邊。時蒙古遺裔已去元朝之稱號，在東北、西北者分裂成爲毛里孩、瓦剌、韃靼、俺答各部落，不相統屬（詳見下卷四），而帖木兒則於此時興起於中亞細亞。先取察合台汗國，繼擴張其勢力於波斯、俄羅斯、印度，又建成一龐大之蒙古帝國。

當時帖木兒向西發展，中國之明朝亦向西發展。惟中國之明朝，西北至嘉峪關而止。關外與漠北、西域，一任蒙裔建牙分部，中間隔開，故與帖木兒不發生接觸。帖木兒震於大汗被逐出中國，又恐明朝進入新疆以躡其後，故對明一再通使上表，表示歸附。

四、跛子帖木兒（Tamerlan）帖木兒帝國

（一）概　述

成吉思汗鐵木眞建立蒙古大帝國於前。歷時一百六十餘年。（一二〇六—一三七〇）形成分解。乃在其次子察合台汗國內，有蒙古人帖木兒又起而勃興。在中亞細亞重新統一蒙古勢力，又一次征服花剌子模、波斯、阿富汗、俄羅斯各地。繼又侵入印度，長征西亞（今稱近東）。遠及非洲，取大馬司，克報達（今巴格達），懾服埃及，擊敗斡禿蠻（今土耳其人）五十萬之聯軍，至一四〇五年，且以步騎五十萬人，東嚮進攻中國。前鋒已渡新疆之烏滸河，明廷尚不知其消息。乃此時帖木兒突病死，其部將遂率全軍西還。

帖木兒帝國係東欽察、察合台、窩濶台及伊兒汗四大汗國之併合，同時西欽察汗國各汗及內外蒙古本部之部落，亦皆受其號召。其在近東方面之威稜，且過於旭烈兀。在印度方面之暴力，亦過於成吉思汗鐵木眞。故其人亦曾自稱爲成吉思汗。而西方人則名之爲跛子帖木兒（Timurlang）。

帖木兒帝國因疆域過廣，故生前分封諸子，而傳大位與其子沙哈魯。惟帖木兒死後，國家旋卽分崩離析，後裔各據地自王。彼此互相衝突。因此，帖木兒帝國東不能統一新疆

及內外蒙古以侵中國。西南則一任印度各回教王朝，四分五裂。北方且便宜了俄羅斯人，次第依附莫斯科大公而團結興起，比至一四八五年，莫斯科之伊凡三世居然自稱爲沙皇，開創羅曼諾夫王朝，次第消滅在俄境各蒙古汗國，進而向中亞細亞發展，最後蒙古各小汗各部落逐漸破滅，俄國遂成爲一大國。而在近東方面，則波斯復起而建國，帖木兒後裔在敘利亞、伊拉克及裏海附近稱汗者，至十六世紀，次第被波斯之撒非朝及土耳其之斡禿鑾（奧圖曼）等所征服。其在高加索、黑海附近者，亦被土耳其所吞併。故至一五一五年時，在阿富汗之八八兒，捨棄中亞而入印度，於德里建國。延至一八五七年，方告滅亡。故若自帖木兒興起算。此一系共歷時四百八十七年之久。

帖木兒帝國這一篇歷史很不容易寫清楚，因爲後來分裂成爲若干朝、若干汗國。現在用編年方式來略述其興起、衰落、分裂及滅亡。

（二）　帖木兒之興起

一三三六年，帖木兒生於河中（Transoxiane），這是西遼的故壤（今新疆西北部）。據說是成吉思汗從兄弟哈剌察兒那顏的玄孫。父祖以牧羊及盜刼爲生，乃是標準的遊牧世家（新元史謂其五世祖哈剌察兒爲成吉思汗八十五功臣之一）。

一三六〇年，帖木兒二十四歲，因聰明勇敢，已有「星宿幸會主」之稱。他身高頭大，少年白髮，一足因作戰受傷而跛，有跛子（Leng）之稱。故歐洲人後稱之爲 Tamerlan，他曾事者台國禿忽魯汗（察合台之後裔）。禿忽魯略取了河中之地，命帖木兒爲其子之參謀，鎭守河中，因被汗之左右所侮，又與其孫不和，帖木兒欲叛，事泄携妻出走，被土耳其人所捕，囚於地牢數月。在毒蟲污水中，幸得不死。與妻逃走，招集舊部，屯於勃加拉，續據阿富汗全境。

一三六四年，者台汗死，帖木兒與名忽辛者同起兵。作戰初不勝。而者台汗之部將哈馬兒丁作亂，殺者台汗諸子，據其地。帖木兒續與哈馬兒丁作戰五次，始大勝。哈馬兒丁走死。

一三六九年，帖木兒攻前同盟之忽辛於花剌子模。克巴里黑城，忽辛降。帖木兒命朝聖，中途殺之。

一三七〇年，帖木兒以撒馬兒罕爲都城，自立爲察合台汗國之君主。信伊斯蘭教，對教士則稱蘇丹 Sultan，（或譯爲莎勒壇）以兵進取花剌子模各地(帖木兒初稱異密 Emir，大異密 El-Emir，最後稱蘇丹。）

一三七五年，東欽察第十一世汗脫脫米失 Tokhta-mish 與東欽察之兀魯思汗互相攻伐。帖木兒以兵助之，奪回失去各地。（脫脫米失本係克里米亞汗）

一三七九年，東欽察脫脫米失汗攻西欽察，殺齊爾瑪利克（卽馬買汗），帖木兒大軍又助之，攻入西欽察之俄境，敗斯拉夫人，蹂躪各城，焚莫斯科。又敗立陶宛之兵於坡勒塔哇（Poltawa）。西欽察金帳汗之後裔各汗衰落，俄人逐漸團結興起。

一三八〇年，帖木兒侵伊兒汗國，入波斯。進攻胡耳王朝之國都哈烈城，其王請降。帖木兒許之，進至脫兒失思各地，禮回教聖者。

一三八一年，自波斯返，駐冬於撒馬兒罕。

欽察白帳汗脫脫迷失呑併察合台汗國之西半部。

一三八二—三年，帖木兒信奉回教，討平信偶像之蒙古各小汗後，又侵入波斯北部，各地小汗皆降。帖木兒許仍各主其國。續略定建答哈兒、柴普斯坦兩地，始返都。

胡耳朝部衆反抗蒙古及突厥，在哈烈殺蒙古若干人。帖木兒之子米蘭沙討平之。執胡耳國王等至撒馬兒罕。胡耳朝亡。

（三）帖木兒之强大——征服波斯

一三八四—五年，帖木兒攻波斯北部馬柴答而。取剌夷等各地，分其國於本族諸王。又命其子烏馬兒略地至克什克爾。西伯里亞諸部皆歸附。

一三八六—七年，大遠征。當時據阿哲兒拜展及美索波塔米亞者，爲蒙裔之札剌亦兒朝，君主爲阿合馬。據法兒思、伊拉克、起兒漫各地者，爲木偰非兒朝。帖木兒進兵後，數年之中，略定法兒思、伊拉克、阿哲兒拜展 Azerbaidjan 各地，及高加索全境。又殘破谷兒只之地（即喬治亞），縱橫小亞細亞。屠亦思法杭城民七萬。阿剌伯人之木偰非兒朝潰滅。各地方諸王皆降於帖木兒。

一三八八年，東欽察汗脫脫迷失背叛帖木兒，自欽察侵入河中，留守河中者為帖木兒之子烏馬兒洒黑，被欽察擊敗。部將速來蠻沙等亦戰敗。帖木兒聞警，回師赴援，脫脫迷失始退走。帖木兒自稱為蘇丹（Sultân）。徽章為三圈，表示統治亞、歐、非三部分。

一三八八—九年，帖木兒在撒馬爾罕接見中國使臣。親征欽察汗，戰於崑德烏爾札河，欽察軍五十萬人，被帖木兒三十萬人所敗，伏屍蔽野。白帳汗脫脫迷失退走，帖木兒兵窮追至北方太陽四十日不沒之地（今挪威境）。脫脫迷失棄國走谷兒只。帖木兒入欽察夏宮，置酒高會慶祝勝利而還，威名遂震於歐、亞。

一三九二年，帖木兒開始五年戰爭。本年中，討平波斯境內多起叛亂。滅裏海諸州異教徒。

一三九三年，進兵法兒思，盡殺木偰兒朝迎降之諸王。括法兒思、伊拉克兩地良匠送撒馬爾罕。

又進兵美索不達米亞，與莫薩法利汗甲曼斯爾戰於巴齊拉，殺之。進克巴格達。蘇丹阿合馬札剌亦兒出奔。波斯境內二汗國皆滅。埃及之蘇丹、巴爾忽出兵援救。奪回巴格達。帖木兒續進攻，攻克忒克里惕。聚人頭爲京觀。又攻入阿迷的，馬兒丁兩城。又至孫丹、尼牙，會其宗族，遣使赴中國。

(四) 帖木兒之攻俄，攻印度，征服中東與近東，及逝世

一三九四年，蒙軍至阿剌思河，克奧尼克堡。復前進侵入谷兒只。

一三九五年，白帳汗脫脫迷失沿裏海攻失兒灣。帖木兒遽引兵出攻。脫脫迷失大敗，奔西伯利亞荒寒之地。帖木兒長驅入欽察高加索北境，抄掠至莫斯科，居年餘。立姤憂爾爲汗，統治東西欽察。

一三九六—七年，帖木兒討平波斯沿海各地叛亂。還撒馬兒罕，用各地掠來之工匠，大興土木，建造宮室，壯麗冠於世界。

突厥蠻與圖曼國之蘇丹巴牙知德一世以兵取哈剌蠻之地。遂與帖木兒開始戰爭。

帖木兒遣使至明，貢馬二四，上表詞甚謙卑，實則在覘明朝之虛實。

一三九八年，帖木兒攻擊印度邊境異教徒黑衣部，及阿富汗部。自撒馬爾罕越過印度北部山險，進至辛頭河上游，大肆焚掠。攻陷牟爾丹城，及巴脫尼爾城，將居民悉數屠殺。至德里附近，復將俘虜十餘萬人殺滅。大敗德里君主馬合木三世之兵。破其象陣，攻入德里。將壯麗之禮拜堂等破壞焚毁。盡掠珍奇瓌寶。帖木兒擬將國土分給諸將。因聞撒

馬爾罕各部盜起，帖木兒遂於次年一月班師急離印度。印度之塔忽剌朝被迫乞和。卑辭向帖木兒稱藩。印度軍民被屠殺者達一百數十萬人。使印度永永不忘此一暴行（印度時分爲五國）。

一三九九年，帖木兒開始七年戰爭。原因爲埃及與突厥蠻助阿合馬札剌亦兒又取巴格達。並與西利亞叛將勾結，乘帖木兒之子米蘭沙神智昏亂，毫無防備時以兵侵入阿哲兒拜展。帖木兒遂出兵開始七年戰爭。帖木兒賡卽奪回阿哲兒拜展。命米蘭沙之子代父執權。又平西利亞之叛，殺叛黨長官帖燃等。

埃及俘帖木兒之親屬不肯釋還。帖木兒遂進兵，先平可薩人與谷兒只人之亂，殘破其地，屠殺人民甚衆。

一四〇〇年八月，帖木兒還軍小亞細亞，力攻西瓦思城，克之。守兵信回教者免死。信基督教者四千人，皆被活埋。又克馬剌梯牙。阿勒坡堡降。因律士言十葉教之阿里等三人係正統之哈里發。怒而悉屠堡中人民，並毀其堡。進兵續取哈馬、洪木思、巴勒別諸城，入大馬司城後，將律士等二千餘人流放於美索波塔米亞阿里子忽辛之墓地。大馬司之居民，皆俘爲奴隸。

一四〇一年，帖木兒圍巴格達，於七月十日攻入。札剌亦兒朝君主阿合馬出走。帖木兒下令屠城，其軍二萬人，命每人各獻一居民首級。黑衣大食時代之一切建築物及學校禮拜堂等皆被毀壞。帖木兒旋至帖必力思，待新軍到後，繼續進攻。

一四〇二年六月，帖木兒與突厥蠻奧圖曼蘇丹巴牙知德大戰於安西兒——即安哥拉。雙方兵力共達一百萬人之多。帖木兒先擊敗左翼塞爾維人，再攻其右翼，結果大勝。巴牙知德被擒。憤恚而死。帖木兒許其子携骸歸葬。（巴牙知德四子速來蠻，統治在歐洲之領土。餘三子則仍角逐於亞洲，後由廝合木一世統一，其子廝合木二世建成奧圖曼帝國。）——廝合木或譯爲馬美特，一四五三年都於君士坦丁堡，即今土耳其之伊斯坦堡——帖木兒又攻破卜魯思城、思米兒奈城、額非思城等。基督教民未能脫逃者，皆被屠殺。埃及遣使乞和，願爲藩國，帖木兒許之。

帖木兒將巴格達還與札剌亦兒朝之君主阿合馬。

一四〇三—四年，帖木兒復征谷兒只，谷兒只稱臣入貢。旋回撒馬兒罕，爲諸孫結婚。法蘭西王致書，稱帖木兒爲「無敵者」。埃及、奧圖曼（土耳其）、美索波塔米亞、迦思廸剌、西班牙、英吉利諸國，皆派使臣致賀。

一四〇四年十一月，帖木兒起精兵二十萬，騎兵過之，共五十萬衆，携糧食蔬果種籽，大舉向東進兵，欲攻中國，使中國成爲回教國。因此年冬季甚寒，途遇大雪，駝馬多死。軍隊涉冰渡烏滸河。軍次兀答剌兒。東欽察汗脫脫迷失乞和。帖木兒許之。旋得疾。召諸大臣囑以後事。命孫皮兒摩漢默德罕傑兒繼承大位。

一四〇五年二月十八日，帖木兒死於窩德拉爾城。棺運還撒馬爾罕。攻中國明朝之軍亦還。時爲明永樂三年。中國不遭蹂躪，可謂天幸。

是年，白帳汗脫脫迷失死於西伯利亞西部。

按帖木兒之用兵天才及其殘暴行爲，實同於鐵木眞。計併蒙古察合台汗及伊兒汗兩大汗國，征服欽察汗國。克印度，敗奧圖曼馳騁於中亞、波斯、印度、高加索、美索波塔米亞、小亞細亞、西利亞等地，建立一大回教帝國，使歐洲人、突厥人、阿拉伯人、非洲人皆震驚懾服，重振蒙古人之威稜。而其影響所及，則使欽察削弱，俄羅斯由分裂而統一。打通中東、近東，開闢歐洲人經由波斯而至印度與中國之路線。且將帖必力思的市場代替巴格達爲國際市場。大大改變了舊世界的政治及經濟狀況。至於他強大兵力的形成，則係承襲蒙古傳統軍事方式，由少而多，逐漸集合各部，控制各部，最多時可動員四十個部落之多。軍隊步騎各半，而以騎兵爲主。參用象陣及用駱駝負載。機動性強，突攻與包圍行動迅速，士馬強悍，故能所擊者破，所至者服。帖木兒帝國的法令，一部分是依據回教，一部分是依據成吉斯汗的大雅薩（Yasak）。社會組織，是分十二級的階級社會。政治組織，則中央有七大臣會議。地方分大州爲路，小州爲萬戶府，各有長官三人，一掌民事，一掌軍事，一掌無主產業。各地皆設有探訪員及郵遞員，對農工商業則予以適當之保護。製陶器、玻璃、紡織、兵器之巧匠，多拘集於撒馬爾罕。大工程則爲築路、造橋及建築宗教場所。文學藝術則用波斯文或阿剌伯文。有詩歌及書卷繪畫。

（五）帖木兒帝國之衰落

帖木兒帝國太廣大，死後不易統治。其子沙哈魯已甚勉強，後裔分爲無數小汗國，在中亞者多滅於昔班帝國。而八八兒則建國於印度。茲述其衰亂歷程如次：

一四〇五年，帖木兒之第四子沙魯哈繼承大位。對明朝仍自居於屬國。自一四〇八年起，彼此遣使通好。明以王號予沙魯哈。而沙魯哈則自稱爲系出成吉思汗，編成一「紀年節要」，誣謂明帝朱元璋係一蒙古異密。

沙魯哈嗣位後，與兄弟諸侄之間有內爭。各地亦有內亂。歷時達十餘年之久。

一四一〇年，沙魯哈在哈烈（Hérat）大興土木，作爲新都。時在阿哲兒拜展之突厥蠻黑羊朝哈剌余速甫日強，併有伊拉克、阿哲兒拜展、美索不達米亞、喬治亞、阿美尼亞各地，成爲一大國，進一步欲侵略西利亞及小亞細亞。遂與沙魯哈形成敵對。

在巴格達與帖木兒朝作戰歷三十年之札剌亦兒朝君主阿合馬被刺死。

一四一三年，沙魯哈平定花剌子模之亂。

一四一八年，帖木兒國內亂始定。沙魯哈命子拜宋豁兒爲相。

一四一九年，沙魯哈討在美索不達米亞之突厥蠻。兩軍甫接戰，突厥蠻黑羊朝的首領哈烈余速甫忽得疾暴死。士卒無主，遂告大潰。其子亦思干答兒繼位。沙魯哈遂略取剌夷及阿哲兒拜展。

一四二一年，沙魯哈與印度通好。

一四二五年，突厥蠻兵勢又振，復奪取阿哲兒拜展。與沙魯哈繼續作戰。

一四二九年，沙魯哈又擊敗突厥蠻。

一四三五年，沙魯哈進攻突厥蠻。亦思干答兒出奔。其弟只罕沙降。沙魯哈命爲波斯地區長官，而以兵助之。

哈烈城大疫，死者百餘萬人，時人以爲天降之罰。

一四三七年，突厥蠻之首領亦思干答兒被刺死於阿速只堡。黑羊朝接近末日。而突厥蠻之白羊朝日興。（黑羊朝與白羊朝係因旗幟上黑白羊之不同。彼此同種而結仇怨。因白羊朝之君主哈剌斡思蠻於一四三四年被黑羊朝所殺。白羊朝之根據地在美索不達米亞，及小阿美尼亞。）

一四三八年，帖木兒之妃巡視回教聖地——麥加。其衞隊被人邀擊。埃及蘇丹綽黑厤嚴懲罪人。

一四四〇年，在中亞之昔班——月卽別部日形強盛。阿不海兒逐漸佔領裏海以東各地，並侵入河中、花剌子模，當時沙魯哈頗發展文藝，以伊蘭之文學宗教爲中心。月卽別部則仍保持蒙古祖先遺俗，多爲兇猛之戰士。縱橫馳突，故帖木兒朝始終未能征服昔班。

一四四七年，沙魯哈卒。沙魯哈知詩及藝術，愛好和平，亦長於作戰，治國四十二年，爲一賢君。惟疆土削小。子兀魯伯繼立。因悲痛父死，不理國事，其子奥都剌廸甫作亂。諸王多據地自立。

一四四八—九年，兀魯伯未能平子姪之亂。昔班藍帳汗月卽別部入侵至河中，殘破撒馬兒罕及其附近諸地。波斯呼羅珊全境亦大亂。突厥蠻在呼羅珊者皆叛變。一四八九年十月，兀魯伯兵敗，被其子所擒，付與其波斯臣阿拔思，竟被弒。兀魯伯知天文、數學，且係詩人。奉父命治理河中三十八年，治績卓著。史稱爲中亞之黃金時代。乃孝於父而爲逆子所害，殊出意外。

一四五〇年，逆子奥都剌廸甫出遊，爲兀魯伯之舊臣所殺。送其首至哈烈懸於學校門外。諸臣奉兀魯伯之姪奥都剌米兒咱爲君。

一四五一年，兀魯伯之姪巴八兒米兒咱、摩訶末米兒咱、阿老倒剌等爭地互戰。奥都剌米兒咱則與月卽別汗作戰敗歿（亦卽別係由族兄卜撒因勾結而入侵）。

一四五三年，巴八兒米兒咱至哈烈繼位。而蘇丹卜撒因則據撒馬兒罕，彼此分裂（這一年東方昔班之月卽別更形強大。西方則巴牙知德之孫馬美特征服拜占庭王朝，建立奥圖曼大帝國，以君士坦丁堡爲首都）。

一四五七年，巴八兒卒。巴八兒性好遊樂，然治事嚴謹。故疆土頗多恢復。死後，其子沙馬合木僅十二歲，族叔亦不剌金引兵爭位，入據哈烈。在撒馬兒罕之卜撒因亦引兵至。亦不剌金逃走，而以兵攻沙馬合木。適波斯黑羊朝突厥蠻只罕沙之兵入侵，擊敗亦不剌金，亦擊敗沙馬合木。取谷兒只之地，大肆殺掠，卜撒因乞和。

一四五八年，突厥蠻退兵。亦不剌金、阿老倒剌等又作亂，卜撒因討平之。然帖木兒帝國之勢力仍日衰。

一四六〇年，在哈烈之蘇丹忽辛拜哈剌大敗突厥蠻人，據有朱里庫之地，自立為君。與卜撒因作戰，而求助於月即別汗阿不海兒。

五、阿不海兒(Abonil-Khairides)(昔班帝國)

(一)概述

昔班在十五世紀後期，爲中亞細亞一大帝國，而中國及各國史家皆不予叙述。事甚可異。原因當由於昔班尙武而無文。

昔班本係東欽察旁之小汗國。昔班乃朮赤之第六子，亦稱藍帳汗。自一三七五年，東西欽察兩汗國互相爭戰，帖木兒先助東攻西，而東欽察勝後又叛帖木兒，一三八九年，帖木兒大舉攻入俄境，大破東欽察汗脫脫迷失以後，東西欽察皆被帖木兒征服。一四〇五年帖木兒死。帖木兒帝國衰落混亂。昔班遂逐漸強大，其第九世汗爲月即別汗，與帖木兒系之諸汗，時而聯合，時而爲敵。勢力擴張，故昔班亦稱爲月即別部。

月卽別部人係突厥人與蒙古人之混合，驍悍勇猛，長於騎術，皆信囘教。一般稱爲哈薩克，多爲著名之戰士。一四三〇年左右，昔班汗阿不海兒（昔班之第六代孫）開疆拓土，歷四十年，不特盡有裏海以東諸地，且佔有河中、花剌子模、西伯利亞各地。惟晚年有若干部衆携貳，逃往者台汗國，昔班勢力稍弱。

上章叙述帖木兒系之諸汗至一四六〇年，當時蒙古系各汗，帖木兒系彼此分裂，互相敵視。成吉思汗之一系，則元朝已亡，蒙古本部分裂。在中亞僅昔班能構成爲一大帝國。東西欽察及蒙古若干小汗國，則均呈式微。

當一四六〇年至一四六六年七年之中，帖木兒系之內亂不絕。哈烈且有鼠疫。一四六七年，波斯白羊朝之兀孫哈散，殺黑羊朝之只罕沙汗。汗子阿里乞援於帖木兒系之蘇丹卜撒因，卜撒因率重兵往援。先命將分兵據法兒思等地，自將大軍向伊拉克及阿哲兒拜展。兀孫哈散遣使乞和。卜撒因須兀孫哈散親來面議，和談決裂。兀孫哈散遂堅壁清野，以困蒙軍。卜撒因兵至哈剌巴黑，因糧盡而潰。卜撒因被俘，兀孫哈散將卜撒因付與其從弟牙的格兒，被殺。蒙古人統治波斯突厥蠻之時代告終——兀孫哈散雖命呼羅珊之官吏奉牙的格兒爲汗，實係突厥蠻之傀儡。

一四六九年。昔班汗阿不海兒死。孫昔班尼繼立。是年波斯突厥蠻之白羊朝之兀孫哈散殺黑羊朝之哈散阿里，盡滅其族，黑羊朝亡。

（二） 昔班尼之興盛及戰死

昔班尼繼位爲昔班汗後，當時因內不和，國勢甚危。昔班尼甚英武，四出攻戰，所至皆捷。數年之中，盡取撒馬爾罕附近及河中之地。帖木兒系卜撒因汗之子阿黑厫汗與昔班尼戰，亦被擊敗，國勢大振。惟帖木兒系之阿黑厫在位二十四年（一四七〇—一四九四），尙勉能保持帖木兒帝國之正統。阿黑㡊死後，弟㡊合木立，六個月卽死。㡊合木之子㡊速忽立。都於喜撒兒。又與弟拜宋豁兒發生內爭。一四九八年，㡊速忽之臣豁思羅沙叛，㡊速忽逃哈烈（哈烈之君主忽辛拜哈剌時已自立爲蘇丹）。拜宋豁兒則在撒爾馬罕自立爲汗。一四九九年，拜宋豁兒被豁思羅沙所殺。帖木兒系更混亂不堪。昔班尼勢力日強。

一四九九年，波斯之撒非派蘇丹沙亦思馬因，以十三歲之童子，率九部之衆七千人，攻擊突厥蠻白羊朝爲父復仇，殺其仇人失兒灣國王。次年，擊敗白羊朝主阿勒完於叔魯兒，取帖必力思爲都城。一五〇三年，侵入伊拉克，又敗白羊朝末主木剌之兵進取可咱隆、起兒漫、耶思德各地，遂建立波斯撒非朝，以十葉敎爲國敎。

在哈烈稱蘇丹之忽辛拜哈剌係帖木兒之裔，曾於一四六九年一度失國，逃阿魯剌。復國後歷時二十餘年本尙安定。乃於一四九六年攻喜撒一戰失敗後，國勢日蹙。昔班尼遂不斷進迫。而忽辛拜哈剌又與其子巴的斡思其蠻構兵，父子互相攻戰，國勢彌衰。一五〇六年，昔班尼進圍撒馬爾罕，花剌子模人力守十月，不支城陷。忽辛拜哈剌徵子姪諸汗兵共抗昔班，至巴里黑病死。所屬之呼羅珊、吐火羅、建答哈兒、昔思田、禡楞答而各地皆敵騎縱橫。

一五〇七年，昔班尼圍巴里黑。守將降，昔班尼殺帖木兒系之故蘇丹㡊速忽，取呼羅珊各地。忽辛拜哈剌諸子聯合以抗月卽別之衆。在阿富汗之八八兒亦牽衆赴援。相持至冬，氣候寒冽。昔班尼還師撒馬爾罕。帖木兒系諸王之軍亦皆囘。

一五〇九年，昔班尼又進兵至巴巴哈乞(Bada Khaki)，與巴的斡思咱巒及木偰非兒米兒之軍遭遇。一戰大捷。二王逃哈烈。昔班尼追至。哈烈守將投降。昔班尼入城，禁屠掠，禮待王族。而盡取帖木兒系諸蘇丹所藏之黃金寶石等。續遣兵追擊諸王，或被殺，或被擒。僅巴的斡思咱巒逃依波斯之撒非朝。

昔班尼致函波斯撒非朝之沙亦思馬因，脅其歸向囘教。波斯開國之青年英主(廿四歲)沙亦思馬因不答。且故意激怒昔班尼，謂『若不來阿哲兒拜展，我將赴呼羅珊尋之。』誘敵來攻。

一五一〇年，昔班尼攻波斯。兩軍相遇於馬魯。波斯兵佯退走。昔班尼輕敵，逕渡木兒哈卜河。波斯兵自後攻之。悉斷河上橋梁。層層加以包圍。昔班尼督衆力戰，死亡過半，突圍而出，創重死於一農舍之中。波斯人以其頭爲飲器。支解其四肢分送鄰國（經此一戰後，蒙古勢力被扼於波斯，向歐非發展之路遂絕）。昔班尼之子忽春赤聞父敗訊，繼位於不花剌，續與八八兒作戰，但無力再攻波斯。忽赤春君臨河中二十八年，後傳九汗。封地皆由父傳子，而以不花剌爲都城。

（五）昔班帝國之消逝

昔班帝國自昔班尼攻波斯戰死後，蒙軍不復向西亞攻略，忽春赤以後，迭更九汗（見前昔班朝表），皆都於河中不花剌。惟行都則有撒馬爾罕、達夫干、巴里黑各地。比至阿卜都剌汗死（一五九八），阿卜都木明汗立六個月被刺。昔班正系遂絕。時裏海一帶及中亞、西伯利亞等數萬里之統治地區，皆被俄人逐步鯨吞。最後僅在花剌子模留存一乞瓦（Khiva）汗國，至一八七八年，亦被俄所滅。

哈薩克人自失國後，隸俄者多參加軍隊，成爲俄騎兵之勁旅（或稱爲哥薩克）。一部分則隸中國，在新疆、青海各地，仍以遊牧爲生，或從事刼掠，故當十九世紀及二十世紀初期，華人旅商西陲者，聞有哈薩克，皆驚惶失措。中共入新疆後，以重兵攻擊哈薩克。此族遂越帕米爾高原西走印巴，途中死亡甚衆。現一部分居於西巴基斯坦，一部分已遠遷至土耳其。

六、八八兒（Babar）（蒙兀兒帝國）

（一）八八兒入印度建國

帖木兒之大帝國自中衰以後，百年之中，（一四一〇—一五一〇）內亂混亂，各汗分立，昔班又侵略擴張，盡奪裏海、中亞及西伯利亞之地。卜撒因汗之第四子烏馬兒灑黑，初受封於俺的干，後都於阿黑昔（Akhsi），壤地甚小，僅能養士卒三、四千人。遂謀奪取撒馬爾罕。結果三戰皆不利。一四九四年死後，其子卽八八兒（或譯爲拔巴）。

八八兒曾與諸王合兵抗昔班之侵略，但衆志不壹。八八兒感覺帖木兒帝國已無法在中亞復興，遂謀入印度發展。時值阿富汗人在印度之洛蒂皇朝衰落。旁遮普省之總督又要求八八兒進入印度。八八兒乃於一五二五年，自阿富汗出發，越過喜馬拉雅山與都庫士山口，沿喀布爾河谷（Kahul）及飽蘭隘口（Bolan Pass），直下印度平原。印人聞帖木兒之裔孫又來攻印，震於餘威，恐怖萬狀。急集合大軍十萬人，在潘尼帕德平原迎戰。八八兒之兵力，本遠少於印軍，然八八兒長於指揮，蒙軍仍保持傳統之勇勁，益以後無退路，一致勇敢作戰，結果一戰大勝。在印度之洛蒂皇朝遂告覆亡。八八兒禁屠掠，已駐於阿格拉、撫綏德里各地，印人大喜過望，相率歸附，八八兒遂開創在印度之蒙古帝國，史稱之爲蒙兀兒（或作莫臥兒）皇朝。

蒙兀兒皇朝，始於八八兒，而強大於阿克拔大帝，其經過歷程，分述如次：

一五一五年，八八兒在喀布爾（今阿富汗首都）與波斯新興之撒非朝沙亦因馬思講和。八八兒爲維持帖木兒系，求得巴的斡思咱蠻之子摩訶末咱蠻，迎至可不里。後封爲沼納樸兒 Junpur 國王。以延帖木兒宗系之一脈。

一五二〇年，八八兒在喀布爾準備侵印。在過去數年中，八八兒迭與月即別汗忽春赤（昔班尼之子）作戰。彼此互有勝負。

一五二五年，八八兒於十二月由阿富汗侵入印度。軍隊僅精兵一萬二千人。因印度旁遮普省總督欲借外力推翻洛蒂王朝，故八八兒越喜馬拉雅山南下，非常順利。

一五二六年四月，八八兒與印度洛蒂王朝之依伯拉亨在潘尼帕德大戰，印軍十萬，有象一千四。而八八兒軍有大炮。結果大炮一轟，象陣反奔，印軍大敗，死傷過半。依伯拉亨戰死。八八兒進克阿格拉、德里各城。印人對帖木兒屠殺之餘悸猶存。驚駭戰慄。而八八兒頗寬厚仁慈。印人始安。八八兒遂留居印度，開創莫臥兒王朝（Mogul Dynasty）。時印度分裂爲五國，八八兒所據者僅阿格拉、德里各地。

一五三〇年，八八兒卒於德里。長子胡馬雍繼立。

一五四〇年，胡馬雍屢被孟加拉之阿富汗人休爾汗所攻，作戰大敗。於本年退出德里。其弟三人又叛，胡馬雍奔波斯，借兵反攻。
一五四一—五五年，胡馬雍得波斯王之助，於十五年之中，先奪回阿富汗地方。再南下印度，平定旁遮普。至一五五五年始進軍德里，恢復王位。
一五五六年，胡馬雍墮石階跌死。子阿克拜繼立，年僅十二歲。由姑丈拜拉牟汗攝政。將軍赫牟叛亂。戰於潘尼帕德。赫牟戰敗被擒。阿克拜赦之。

（二）蒙兀兒帝國之繼興——阿克拜大帝

一五六〇年，阿克拜親政，英武仁明，禮賢好學。印度大治。全印度除德干高原外，在親政後數年中，皆被征服。有九賢名九珍珠。雖奉回教，對印度教、基督教之教義，皆敬仰不予限制，藉以調和融洽印、回兩族之感情及文化。統治印度五十年，榮名遠播，歐洲、非洲人稱之爲阿克拜大帝。
一六〇五年，阿克拜大帝逝世。太子沙零繼立。稱爲傑罕基。在位二十三年。國事多交其賢能之皇后奴傑罕治理。
一六二七年，傑罕基逝世。長子沙傑罕率兵入阿格拉城，殺奴傑罕所生之子而即位爲王。奴傑罕不勝悲痛，守傑罕基之陵十八年而死。
一六三〇年，沙傑罕南征，皇后泰姬道卒，沙傑罕建泰姬陵（於阿格拉），歷時二十年始成，爲印度名建築之一。（在阿格拉之著名建築，有阿克拔大帝陵及紅色宮堡、花甎墓等。皆極優美）。

一六五八年，沙傑罕因病，四子爭國，第三子奥蘭齊白殺兄逐弟。囚父於阿格拉古堡之中。沙傑罕歷八年始死。

一六五九年，奥蘭白齊囚父自立，歧視印度教徒，印度各羅奇普德多叛，組馬拉泰聯邦對抗，歷時四、五十年，迄無法解決。

一七〇七年，奥蘭白齊死，計在位五十年，子巴哈都沙繼立，印度各邦多告分裂，蒙兀兒王朝衰落。

（三）蒙兀兒帝國之衰落及滅亡

一七三九年，波斯王納地爾沙侵印度，攻入德里，殺人放火，將莫臥兒朝寶藏刼掠一空。印度各地盜匪大起。各邦又互爭混亂，全印大亂，人民陷於水深火熱之中。

一七四四年，英，法兩國在印度之軍隊互相攻伐（自一六〇〇年以後，英、法、葡三國勢力侵入印度。而以英人組織之東印度公司勢力最強，佔據馬德拉斯、加爾各答、孟買爲根據地，擴張殖民事業。因與法國侵入印度之利害衝突，故英、法在印度作戰）。

一七五二年，阿富汗王阿摩特沙侵印（此後先後入侵六次之多，西北印度一帶全成廢墟）。

一七五七年，印度之西拉其聯軍，由法人指揮，與英東印度公司之克萊武戰於普拉西，西拉其軍七萬人大敗。

一七六一年，德干之馬拉泰聯邦欲併吞北印度，滅莫臥兒王朝。以大軍至德里大掠，旋與阿富汗軍戰於潘尼帕德。馬拉泰聯軍二十萬人全軍覆沒。阿摩特沙戰勝後，因阿富汗兵不願久居於炎熱之印度。仍北返喀布爾。而命莫臥兒朝王統的沙阿拉姆在德里為傀儡皇帝。

一七七四年，英人華倫赫斯丁任印度總督。在德里之印度蒙兀兒王朝成為傀儡，賴英人給與年金以維持。各邦分裂，次第被英人征服。

一七九八年，英人惠爾斯萊，決計征服全印。

一八二八年，英人彭丁克任第九任印度總督。肅清全印地方盜匪。從事內政改革。

一八五七年，印人大暴動，佔據德里，擁莫臥兒王朝皇帝巴哈都二世抗英。歷時四月，卒被英人以武力壓平。印人被殺者不計其數。巴哈都二世被捕送仰光。子孫皆死。次年，英維多利亞女皇宣布統治印度。蒙古人在印度之莫臥兒王朝遂告滅亡。

下篇　蒙古各汗國之部

蒙古小汗國甚多，不克備記。玆記其各大汗國，以及大汗國分裂後有關興亡之小汗國。又蒙古自成吉思汗分封四子，此四大封地後演變而成爲各大汗國，然當分封之時，尚不能稱爲汗國，此與中國之封建制度有別。而其後卒同於中國之藩封，抑亦勢所必至也。

一、東西欽察與昔班汗國

(一) 朮赤封地

成吉思汗之長子朮赤，不獲繼承大汗之位，而被封於欽察——裏海東北部平原（今西伯利亞一部分）、裏海北部區域及伏爾加河下流(Volga)之地。疆域雖廣大，但頗爲荒寒。其間因有家族爭執關係。

朮赤之母孛帖兒。係成吉思汗正妻。一一八〇年，被篾兒乞惕人襲擊擄去，成吉思汗乞兵王汗，始將妻奪回，歷時已逾年餘，孛帖兒於途中生子，名曰朮赤，意爲客人。實非成吉思汗之血胤（事見前成吉思汗章第一節）。其弟察合台公開謂朮赤係篾兒乞人，兄弟互搏。成吉思汗因始終愛孛帖兒，朮赤亦事父尚謹，而惡察合台鹵莽，故將大汗之位，傳與第三子窩濶台。

朮赤長於作戰，收降貝加爾湖東西岸及赤塔、杭愛山脈、唐努山脈等各部居民，以及出征西遼、花剌子模，皆卓著功績。故所封之疆域甚廣，惟遠在亞洲之西北部。後成吉思汗徵召，朮赤因病未至，成吉思汗詢自西域來之某蒙人，則謂曾見朮赤出獵，似無病。成吉思汗大怒，欲發兵擊之，而朮赤死訊至。成吉思汗為之大慟，命弟斡赤斤前往視喪，立朮赤之次子拔都為汗。拔都仁慈明達，能用兵，為蒙古諸王所服，雄長西北。成吉思汗逝世後，窩濶台嗣位，一二三五年，金邦已滅，窩濶台決策西攻欽察、斡羅斯，遂命拔都為統帥。西邊的右手諸王，東邊的左手諸王，皆命長子率部從征。

(二) 拔都西征至東歐

當十三世紀時，在俄羅斯之東者，為欽察人、阿速人、高加索人。在歐洲境內之俄羅斯則因一大區域中，分為平原、森林、沼澤。各地環境不同。故在蒙古侵入以前，分為若干城市小國。其最主要者為莫斯科維(Moscovy)。成吉思汗時，蒙古大將者別與速不台於一二二一年冬由裏海北上，自東南岸而南岸，穿過波斯西北部，進入俄羅斯境內之谷兒只(喬治亞)，又北踰太和嶺(Caucase)襲入欽察部(欽察人是住在裏海、黑海之北大草原上，在語言上是突厥系)。欽察人邀集阿速部人及高加索人迎戰於打兒班山口，欽察人被紿，不戰先退，阿速部人遂被擊敗，蒙軍追擊欽察人，欽察人大敗。蒙軍進至伏爾加河下游，繼續前進，欽察乞援於伽里赤（Galic）王密赤思老。俄境各城王侯組聯軍以抗蒙古。一二二三年五月，戰於卡拉卡（Kalka）流域，俄聯軍大敗，死者七萬餘人。蒙古軍長驅直入，蹂躪南俄，過阿速夫海登克里米亞半島。比至德尼普兒河，因大汗約定三年回軍之期已屆，遂撤兵東歸。俄人大爲不解，然各小國仍分立而不一致。亦不防蒙古人再來。窩濶台命拔都西征，其動機爲何。至今尚未能明。

一二三六年，拔都會各王長子與駙馬萬戶等於基發（Khiva）。（今俄烏孜別克共和國西部）。大軍向北前進。先鋒卽爲十五年前與者別同入俄之大將速不台。蒙軍首先攻入不里阿寧，進至裏海以北地區，大破欽察部，俘其王八赤蠻（Bacsnan）於海島上，殺之。諸部落悉平。次年（一二三七），大軍渡伏爾加河（Volga. R.）西行，入俄羅斯。俄境諸王公國城邦，時尚彼此內鬨，不知聯合，十二月，蒙軍破列也贊城，（Prajan）幼里王自殺，全城被屠燬。蒙軍續攻至烏剌的速兒部。一二三八年，破克羅姆納城，殺其王羅曼，城亦屠燬。拔都大軍續進掃蕩，攻破莫斯科物拉的米爾等城鎮十四處。勢若狂飆烈燄。屠殺達二十七萬人之多。全俄震動。

一二三九年夏，拔都欲北攻諾夫哥羅德，因天暖雪融，道路泥濘，爲森林沼澤所阻，乃折向西南，進攻的斯拉河（Desna）上之廓在爾斯科城（禿里思哥）。其王瓦夕里率城中居民堅強抵抗四十七天，城破被屠滅，血流成渠，蒙軍投瓦夕里於血渠中溺死。蒙軍南趨端河下游（Don R.），敗欽察酋長霍灘，破阿速部篾乞里都城。克里米亞及亞速海以北地區，全入蒙軍之手。

一二四〇年，拔都大軍攻基輔（乞瓦），踐冰渡河，先攻略扯耳尼哥、喀魯加、安所乞尼各城，進攻基輔。基輔王米海勒逃馬札爾，命大將特米脫里居守。蒙軍晝夜進攻。至十二月城破，守將特米脫里受傷被俘，拔都愛其忠勇，收降之。命爲侍衛長。而屠其民，夷平其城。特米脫里爲移轉蒙軍攻擊目標。勸拔都西攻馬札爾人（卽匈牙利，係漢時西遷之匈奴支裔）。拔都納其言，分軍三路，北路由拜達爾（察合台子）與海都（窩濶台孫）率軍進攻孛烈兒（卽波蘭），南路由濶端（窩濶台子）率軍進攻羅馬尼亞。中路由拔都率軍攻馬札兒。次年（一二四一）三月，北路軍大敗俄人波蘭人與馬札爾人之聯軍於錫德路。四月，又敗波蘭與日耳曼人聯軍於勒基尼赤。殺亨利第二王子，再穿過喀爾巴特山隘，進入匈牙利，與拔都大軍會師。時拔都亦已大敗匈牙利軍於薩納河上 Sayo，佔領布達佩斯城。南路濶端所率之軍，則經由羅馬尼亞地域，迭破羅丹、瓦拉丁、聖託買斯、比爾格各城，亦至匈牙利與拔都會師。蒙古三路大軍旣集合，遂在薩納河上張幕息夏。比入冬季，蒙軍大舉進攻多腦河西之大城格蘭（Grand）。以大炮三十門晝夜轟擊，將其攻破。隨卽分兵四出攻打奧地利，先鋒於一二四二年春抵達維也納，全歐震動。羅馬教皇擬組聯軍抵抗，而各國皆如驚弓之鳥。

拔都在一二四二年四月，正擬蕩平全歐，忽得大汗窩闊台逝世之訊。蒙古須開忽喇爾大會，議立新汗，遂下令班師東歸。

（三） 西欽察汗國

拔都因與新立之大汗貴由不和，故留駐俄境，於伏爾加河東岸，建喀山城居之。而卓金頂帳於伏爾加河下游東岸之薩萊（Sarai）。成立西欽察汗國。人民稱之爲金帳汗。其領土包括今日之歐、俄及羅、保兩國及波蘭之加利西亞。拔都明達，愛士疏財，人稱之爲賽因汗，賽因者好也。

俄羅斯各王皆受封於拔都，此後朝貢納稅，歷時達二百餘年之久。拔都卒於一二五六年。弟伯勒克嗣，信回教，課俄人稅田賦十取一，牛羊馬稅百取一。伯勒克曾與旭烈兀作戰，原因爲欽察子弟從旭烈兀征巴格達者，多以罪死或暴卒，疑爲旭烈兀所害。

此後西欽察常與伊兒汗國不斷構兵。一二六四年伯勒克卒。拔都孫忙哥帖木兒繼立。初助忽必烈攻海都。旋與海都和而攻伊兒汗國。一二八〇年，攻波蘭，不利。次年卒。弟脫脫蒙哥繼立。一二八五年國亂。宗王禿拉布哈等廢脫脫蒙哥。一二九〇年，脫脫蒙哥之子脫脫殺諸王而繼立。一二九四年，脫脫伐俄羅斯之物拉的米爾王。勝之。惟西欽察至是，已各王自擅，本身不統一，亦不奉元廷之命。一三一二年，脫脫卒。忙哥帖木兒之孫月思別嗣。年僅十三，而智勇絕倫。殺諸將之謀叛者，而與元廷通好。一三二三年，平物拉的米爾之亂。又命莫斯科大公伊凡一世治其王之罪。一三四〇年，脫脫汗卒，子札尼別嗣立。國又多亂。一三五五年，始平阿特而佩占之亂，次年卒。子畢爾諦伯克嗣位，未幾卒。繼之者爲科兒納。再傳爲努魯斯。及起西兒，因諸王起兵互爭，金帳汗無力統治。拔都之盛業日衰。一三六〇年以後，西欽察與東欽察構兵，被東欽察汗脫脫迷失所敗。莫斯科各地，皆被東欽察所奪。比至一三六七年元亡之年，脫脫迷失廢金帳汗漠罕默德普拉克。西欽察分裂爲若干小汗國。而俄境各城邦之中，莫斯科大公因夙係被可汗任爲巴斯卡克官（Baskak），負代向各城邦征稅之責，自伊凡一世以迄伊凡三世，權力日強，遂結合俄人，反抗蒙古統治。比至一四八二年，在頓河上游與欽察諸汗一戰大捷。遂逐漸併吞各小汗。至一四八五年，伊凡三世自加帝號（Agar），建立羅曼諾夫皇朝，以東羅馬帝國自居。拔都之後裔各汗，多被破滅。僅存之鄂爾達（Orda）、阿斯特拉罕（Astrahan）、卡山（Kazan）、克里米（Crimi），若干小汗國，勉力支撐，逐漸被俄人征服。至一八三〇年以後，俄沙皇伊凡第四破滅卡山汗，又滅阿斯脫拉罕汗，自伏爾加河至裏海，悉入俄之版圖。蒙人之留居俄境者，俄稱之爲韃靼，其仍保持部落色彩而在俄境者，則爲哥薩克、哈薩克等部。至是，拔都之遺烈盡矣。

西欽察國世系（一二四二—一八三〇）

（都薩萊）

拔都—伯勒克

拔都—忙哥帖木兒—脫脫蒙哥—脫脫—月思別—畢爾諦伯克—科兒納—努魯思—起西兒（一三七九）

（諸汗分裂）
- 鄂爾達汗
- 卡山汗（被俄所滅）
- 克里米汗
- 阿斯特拉罕汗

（四）東欽察汗國

拔都西征返俄境後，自建西欽察國，而以東方錫爾河北等地讓與其兄鄂爾達，建東欽察汗國，其斡兒朵色白，人稱爲白帳汗。

鄂爾達之後，爲科齊汗、伯顏汗、薩西卜克汗、愛必散汗、穆巴爾克合札汗、溙穆泰汗、烏魯斯汗、托克脫起汗、帖木耳沒里克汗。時諸王脫脫迷失強大，遂奪白帳汗之位，結合跛子帖木兒而與西欽察構兵。戰勝後，一三六七年，廢金帳汗漠罕默德普拉克。一三八九年，又與跛子帖木兒作戰。五十萬之衆，反被帖木兒三十萬之衆所敗。脫脫迷失棄國走裔治亞。一三九五年，沿裏海反攻，又被帖木兒所敗，脫脫迷失奔西伯利亞荒寒之地。東西欽察蒙裔各汗，遂皆隸附於帖木兒。帖木兒立姤戞爾爲欽察汗，一四〇四年，脫脫迷失向帖木兒乞和，帖木兒許之。一四〇六年，脫脫迷失卒。帖木兒帝國旋內亂，東西欽察各小汗林立，有阿思忒剌罕、迦贊、克里米亞諸汗國。金帳汗與白帳汗之後裔與封地亦亂，不能詳分，而昔班興（東欽察最後之古楚汗，於一五九八年被俄所滅）。

（五）昔班汗國（Uzbek）（由汗國而帝國，又由帝國而返回汗國）

昔班係朮赤之第六子，拔都之弟，隨從西征有功。拔都分建東西欽察國時，將鄂爾達牧地之北，西至烏拉河之地，封與昔班，人稱之爲昔別乞（Cheibek）。按別乞之意爲首領，以示與汗有別。而因其斡耳朵之色尚藍，故亦稱之爲藍帳汗。

當跛子帖木兒掃蕩東西欽察之時，昔班已逐漸強大，帖木兒死後，帝國分裂。昔班汗國四出侵略，所至克捷，疆宇日廣，其第九世月卽別汗（Eubek），與帖木兒之裔孫時和時戰，阿不海兒繼興，歷時四十餘年，奄有中亞及西伯利亞之地。至一四五〇年，建成月卽別帝國（見前第五章）。

當一四八〇年左右，俄沙皇伊凡三世吞併東西欽察之時，昔班尚雄峙中亞細亞。十六世紀中葉，昔班領土被俄人蠶食鯨吞，日形衰落。比至十六世紀末葉，僅餘一小汗國古楚汗，佔有西伯利亞西南一部分土地。厥後俄人繼續向東發展，與古楚汗衝突，交戰十八年，至一五九八年（明萬歷二十六年），古楚汗兵敗，向南逃至吉爾吉斯，被人謀殺。中亞細亞及西伯利亞遂悉入俄人掌握。一六〇四年俄人至貝加爾湖，一六八三年抵達鄂却次克而至太平洋海岸。蒙裔之在中亞者，至是僅存一乞瓦汗國。一八七八年亦為俄所滅。

東欽察汗國世系（一二四二——一五九八）

鄂爾達—科齊—伯顏—薩西卜克—愛必散—穆巴爾克合札—
- 滚穆泰—烏魯斯—托克脫起—帖木兒沒里克—
  - 脫脫迷失—
    - 阿思忒剌罕汗
    - 迦贊汗
    - 克里米亞汗
    - 古楚汗
  - （姤戞爾）—

昔班汗國世系（一二四二——一八七八）

第九世

昔班—月即別—阿不海兒（於一四五〇年建成月即別帝國）

昔班尼—（昔班帝國世系，見前阿不海兒一章）九汗相傳後，分裂為各小汗被俄吞併。

二、察合台汗國

（一）察合台封地

察合台係成吉思汗之第二子，其人剛勇而能明敏斷事，因與兄朮赤不協，詆其非成吉思汗之子。己亦表示不願嗣位，願奉三弟窩濶台爲大汗，故成吉思汗分封四子，而封察合台於中亞錫爾河流域。

察合台之封地，東及伊犂河，西及錫爾河，南及阿母河，而以垂河流域爲中心。幅員包括西遼、花刺子模、河中全部、可失合兒（Kachghar）一部、巴達哈商（Badakhchan）、巴里黑（Balkh）、哥疾寧（Ghazna）等地，今伊犂及西伯利亞一部分皆在其內。重要之大城，爲今伊犂附近之阿里馬力克及撒馬爾罕。疆域縱橫萬里。都於不花刺。

（二）察合台後裔

察合台卒，孫合刺旭烈兀監國。大汗貴由立後，改命察合台之子也速忙哥嗣位。貴由卒後，拔都等擁立蒙哥，而責也速忙哥不奔喪，命人殺之。故察合台系與朮赤系不協。一二六〇年，忽必烈稱大汗於開平，其弟阿里不哥亦稱大汗於和林，命察合台之孫阿魯忽爲察合台國汗。旋因阿里不哥徵兵徵餉，遂殺其使者而歸附於忽必烈。且與元兵合攻阿里不哥。一二六六年，阿魯忽卒。姪漠八里克沙立。年少，元廷命其從父博拉克輔政，博拉克自立爲汗。與叛元窩濶台國之海都戰，大捷。又戰，敗退至昔剌河南，與海都和。一二六八年，遣使至伊兒汗國，誘留在喬治亞之蒙裔爲內應。旋出師，自阿母河渡河西攻。一二七一年，伊兒汗國汗阿八哈迎戰，誘博拉克之軍入伏。掩擊之。博拉克大敗，墜馬受傷，敗兵囘至布哈爾者，不及五千人。急遣人告海都。海都至，博拉克死。諸將立其子聶古伯，一二七三年，聶古伯與海都戰，陣歿。察合台之曾孫托咯帖木兒立。一二七五年卒。海都立博拉克之子篤哇爲汗。篤哇從海都與元廷作戰，至一三〇七年，歷時達二十餘年之久。海都死。篤哇立其子察八兒，始與元廷通好罷兵。旣而察八兒與篤哇失和，篤哇襲而廢之。併吞窩濶台汗國。壤地更廣。篤哇死，子寬闍嗣。寬闍卒，族父達里忽嗣。未幾，篤哇之次子怯伯殺之。一三一三年，國人立篤哇長子也先不花爲汗。又與伊兒汗國構兵，且引兵反元廷。也先不花死後，怯伯繼立，一三二〇年，釋元使拜住，與元廷通好。怯伯死後，子燕只吉台嗣，未幾卒，弟篤來帖木兒嗣立，旋卒，弟答里麻失里與子桑札兒同爲汗。一三三三年，呼拉商人忽辛叛，討平之。

(三) 察合台汗國之分裂與滅亡

一三二〇年以後，察合台國內諸王分立，不相統屬。據各史所載，境內共有二十五汗國。惟自答里痲失里之後王也速帖木兒卒後，窩闊台之後裔阿里因奉回教，爲衆所推，已不稱汗而稱蘇丹。各汗國中，比較大者，一在河中，爲河中汗國；一在準噶爾（Dzoungarie）者，爲者台（Djeté）汗國。至一三六一年，者台汗禿魯忽帖木兒乘河中汗之亂，引兵取其地。命其子鎮守。不久，者台汗死。跛子帖木兒起兵，逐走者台汗之子，佔有河中。者台汗之子旋被其「異密哈馬爾丁」所殺。跛子帖木兒續攻哈馬爾丁。激戰五次，哈馬爾丁亡走，不知所終。此後帖木兒續與者台汗及察合台系各汗戰，歷時十一年，至一三八〇年，各汗國皆被征服。帖木兒自稱爲察合台國之君主。然帖木兒並非察合台之後裔，察合台汗國實已亡矣。（見前帖木兒章）

十六世紀末葉，察合台後裔殘存在中亞者，有畏吾兒斯坦，蒙古斯坦二小汗國。最後被併於俄。

察合台汗國系統表

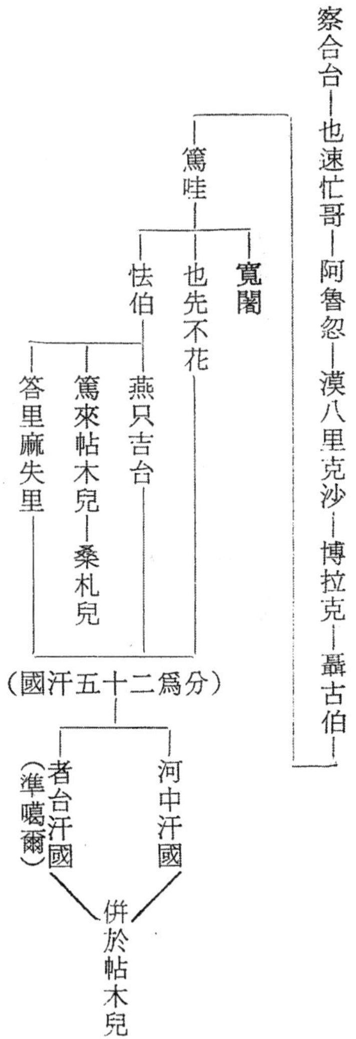
察合台
也速忙哥
阿魯忽
漠八里克沙
博拉克
聶古伯
篤哇
寬闍
也先不花
怯伯
燕只吉台
篤來帖木兒
桑札兒
答里麻失里
（分爲二十五汗國）
河中汗國
者台汗國
（準噶爾）
併於帖木兒

三、窩濶台汗國

（一）窩濶台封地

成吉思汗所封四子封地，第三子窩濶台封地最小，但大汗之位，則命窩濶台繼承。窩濶台於一二四一年逝世後。子貴由汗繼立。乃不及三年，中毒而卒。蒙古忽喇爾台大會推拖雷之子蒙哥繼爲大汗，窩濶台汗之孫失烈門，貴由汗之子忽察與腦忽不服。當被逮捕。三人皆自殺。

蒙哥汗故意將窩濶台汗之封地分散。窩濶台後裔甚爲怨恨。比至蒙哥汗死，弟忽必烈繼大汗位。窩濶台之孫海都遂據封地海押立（天山之北，金山之南的「僕固振川」，巴勒喀什湖東南一帶），並結合西方諸王（外蒙西部及新疆北部），舉兵反抗。海都多智略，故各王皆與之善。

（二）海都與西方諸王之反元

海都對元朝的戰爭，始於一二六〇年，先擁護與忽必烈爭位之阿里不哥。阿里不哥失敗後，仍雄據西方，不服忽必烈。一二六六年，察合台汗國八剌合汗攻海都，但不久與海都合作。八剌合汗死後，海都助其子篤哇爲汗。於是篤哇與海都聯合抗元。攻略新疆葉爾羌、吐魯番各地。一二八六年，且大敗元軍。並煽動遼東「國王」之乃顏叛變。一二九〇年，東攻至上都和林，防軍不戰而潰。一二九二年，始被伯顏擊敗，退至貝加爾湖（土耳其之記載中，謂馬可孛羅東來中國，中途被「窩濶台汗」所俘。乃係「窩濶台汗後王」之誤）。

忽必烈死後，海都仍繼續不承認元朝。一三〇一年，元軍迫攻海押立。次年，海都反攻，從者四十王。進至和林南之合剌合塔，大敗元軍。惟篤哇之軍，被元軍擊敗。海都遂退兵。回至中途，病死。

（三）被察合台汗國之篤哇汗所併

海都既死，子察八兒繼汗位。篤哇主張對元罷兵，察八兒從之，派人向元廷洽降。元廷派員撫慰察八兒。一三〇三年，察八兒與篤哇使者同至大都（北京），五十年之內亂，告一結束。

察八兒才力平凡，察合台汗國之篤哇汗則係一雄主，察八兒與元和後不久，篤哇竟併其國（事見前章）。

窩濶台汗國世系

（一二五九—一三〇一）

窩濶台—合失（早卒）—海都—察八兒（一三〇三年被篤哇所併。）

四、伊兒汗國

(一) 旭烈兀西征至歐非

一二五二年，蒙古大汗蒙哥命其第六弟旭烈兀西征裏海之南，波斯之北方山地人木剌夷(Mulahida)，此族好刼掠，又長於行刺及用毒。故蒙哥惡之。蒙軍初攻吉兒都苦堡，因地勢險峻，久未能下。蒙哥命大將撒里等征印度，入克什米爾，又簽發諸王所部之兵十分之二，歸旭烈兀指揮，於一二五三年由和林出發。一二五五年，大軍駐於撒馬爾罕，準備一切。一二五六年，旭烈兀分三路進軍，攻木剌夷新都梅門迭思城。木剌夷酋乞降，旭烈兀命諭降五十餘堡，而送其族至蒙哥處。中途遣歸，皆殺之。旭烈兀與諸將議西進，因伊拉克境內大水，遂按兵不動，而遣人諭在巴格達之回教教王哈里發歸順。哈里發報書，謂歷來攻巴格達者皆遭天譴。旭烈兀怒，決計進攻，於一二五七年命貝住爲右翼，怯的不花爲左翼，自將中軍由倭古兒馳突而前。蒙軍鐵騎，勢若飇風，迅卽包圍巴格達。回軍抵抗於體格力斯河，全軍盡沒。蒙軍遂圍巴格達。哈里發出降。蒙軍入城，盡得黑衣大食國五百年來累積之金銀珠寶。蒙軍屠殺富民，取其資財。旭烈兀將哈里發囚禁於一堆滿黃金之屋中，使其餓死。縱兵殺掠，死者八十餘萬人。

巴格達既下，旭烈兀又進兵至天方（即阿剌伯）。一二五八年前鋒至敍利亞境內。地中海各基督教國家，本與回教國家不相容，至是大爲震動。東羅馬教廷遣使與旭烈兀聯絡，約共攻回教國家。一二五九年，旭烈兀接獲蒙哥可汗逝世之訊，遂命將守伊拉克，敍利亞一帶，己率大軍東歸。

（二）伊兒汗建國

一二六〇年，旭烈兀之第四兄忽必烈繼大汗位於中國之塞上之多倫，而其第七弟阿里不哥則稱大汗於和林（上都）。同時蒙哥可汗之子昔里吉亦與叔爭位。忽必烈雖以武力擊敗阿里不哥。而察合台（二房）窩濶台（三房）後裔諸王，多思擁昔里吉爲大汗。忽必烈遂將旭烈兀征服之地，悉封與旭烈兀。成立伊爾汗國。其版圖包括今之伊朗、伊拉克、阿富汗、約旦及敍利亞，以及今屬蘇聯之喬治亞，今屬於土耳其之小阿美尼亞（南界印度洋，西南界阿刺伯河。東北界欽察及察合台國）。

伊兒汗國建立後，曾一度與西欽察之第四汗拜兒克作戰，先勝後敗。作戰原因爲拜兒克汗信回教，擁護阿里不哥。而旭烈兀西征時，無故殺朮赤之後人。故拜兒克以「爲寃死者復仇」爲言，攻呼拉商及哥疾寧。一二六五年，旭烈兀逝世。子阿八哈嗣。續與西欽察作戰。一二七一年，埃及攻西里亞，阿八哈援之，一二七七年，埃及攻羅馬，阿八哈遣兵助之，軍敗。阿八哈自將至羅馬，埃及兵已返。因羅馬之相濟通埃及，次年執而戮之。一二八一年，阿八哈又與埃及作戰大敗於哈馬希姆斯，三軍皆沒。次年，阿八哈憤恚而死。阿八哈因納東羅馬王之女爲妃，故厚撫天主教徒，與法蘭西諸國通使。死後，弟台古塔兒嗣立，因信回教，不稱汗而改稱蘇丹。下令國人皆奉回教。旋與姪阿魯渾戰，一二八三年，衆潰，被部將所擒，送與阿魯渾，斷脊而死。一二八五年，元廷册封阿魯渾爲伊兒國汗。因好殺，國衆不附，又信方士，好金石，一二九一年卒，弟蓋喀圖立，荒於酒色，在巴格達之從父弟貝杜被忌起兵，一二九五年，蓋喀圖衆叛親離，在莫下被執縊死。貝杜自立，而阿魯渾之長子合贊改入回教，集兵十二萬，言繼父業，貝杜之衆皆從之。貝杜逃至梅而侖，追獲被殺。合贊於一二九五年之冬卽位，仍稱蘇丹。

合贊爲伊兒國一英主，卽位後，次年誅親王五人，及謀叛之大臣三十八人，並討平擁兵之羅馬大將。又嚴防曾刼持合贊後又擁立合贊之大將尼佛魯慈。尼佛魯慈舉兵反，合贊討平之。族誅其家。一二九八年，遣使入貢元廷。次年，發兵九萬攻埃及，戰於那蘭蘇河。大敗埃及之軍，進克希姆斯，攻馬達克不下，收敍利亞全境而還。返後自運巧思，建天文台於台白利司。訂官制，興水利，明刑法，恤孤寡。一三〇二年，第三次伐埃及，次年，戰於哈馬特，蒙古軍大敗，退入沙漠者皆竭死。一三〇四年，準備復攻埃及，合贊忽得疾卒，以位傳弟合兒班答。時伊兒汗國甚富強，多用西歐知輿地、天文、曆算、樂律之士，撒馬爾罕都城建築之宏麗，爲世界之冠。藝術、文學、科學，亦大興盛。

合兒班答即位後，使告元廷，並與埃及言和。一三〇五年，遷都於起兒漫之蘇丹尼牙。一三一二年，發兵十萬伐敍利亞，攻拉黑貝堡，逾月不下而返。而察合台國之也先不花因攻元失敗，西向侵入呼羅珊之地。一三一六年，合兒班答發兵擊敗之，掠布哈爾、撒爾馬干、忒耳迷之民而歸。是年冬，合兒班答卒，子不賽因嗣位於台白利司（不賽因或譯爲阿布，沙依德）。不賽因繼立後，大將約索伏兒作亂，據呼羅珊之地，大將亦憐眞則偽告佐命之大臣出班謀反。不賽因自將討之。陣斬亦憐眞。又約呼羅珊守將忽辛夾攻約索伏兒，亦殺之。內亂甫平，而全境大旱蝗，各大城人烟殆絕，巴格達亦告饑。一三二三年，不賽因懼埃及之木剌夷人行刺，允與埃及和。因惡大臣出班權重，出班懼禍，與子忽辛舉兵叛，兵敗，奔海拉脫。不賽因致書海拉脫酋，命殺之，出班自縊。不賽因厚葬之。至麥加朝聖而歸。一三三四年，不賽因卒，遺命立族孫阿兒帖爲嗣。次年，被權臣所廢。國內將相爭權，四境大亂。巴格達亦被突厥蠻之黑羊朝所據。

（三） 伊兒汗國之衰亂及滅亡

不賽因爲蘇丹十七年，元史謂其勸農興敎，國內大治。然曾冤殺年已八十之賢相拉施特哀丁，又追反佐命之大臣出班。晚年偏信結牙代丁及妃報格達克二人。歿後國內大亂，軍閥割據，分國而治。結果分裂爲札剌亦兒汗（則來耳）、胡耳汗、木偰非耳汗（馬札非耳）、撒爾別答兒汗（色爾必達耳）。彼此互爭，混亂不堪。一三七〇年以後。跛子帖木兒已自立爲察合台國汗，侵入欽察，一三八〇年，遂侵入波斯。在哈烈之胡耳國王先迎降，一三八三年，帖木兒侵入波斯北方，討伐不信回教之蒙裔各小汗、古兒干、禡栘答而、昔思田、建答哈兒、謝卜斯坦各地皆降。一八八七年，帖木兒大遠征，兩年之中，取法兒思、伊拉克、阿哲兒拜展。又進至帖必力思，掃蕩突厥蠻。蒙裔之撒爾別答兒汗、阿剌伯人之木偰非耳汗皆滅。僅蒙裔之札剌亦兒汗在巴格達依突厥蠻之黑羊朝爲附庸。比至一四〇一年，帖木兒攻入巴格達。突厥蠻之黑羊朝崩潰，札剌亦兒汗亦亡。

帖木兒帝國衰亂後，伊兒汗國迄未能復興。而近東、中東之突厥與突厥蠻興起。波斯既興，土耳其之奧托曼帝國更盛極一時。後此則伊拉克、約旦、敍利亞各國相繼立國，蒙裔在近東中東者，昔爲主今爲客矣。

伊兒汗國世系（一二六〇—一四〇一年）

- 旭烈兀
  - 阿八哈
    - 阿魯渾
      - 合贊
      - 合兒班答
        - 不賽因
          - 札剌亦兒汗
          - 胡耳汗
          - 木偰非耳汗（阿剌伯人）
          - 撒爾別答兒汗
    - 蓋喀圖
  - 台古塔兒

（至1401年皆被帖木兒所併）

（附述） 近東突厥族之復興

突厥民族，本在中國西北部。疆域遠及中亞細亞，分爲多國。突厥曾一度侵入中國。七世紀時，中國唐朝興起，中經三十年以上之戰爭，突厥之可汗，及回紇、高昌諸國始臣服於唐。唐設北庭都護府，下隸大漠、陰山等都督府二十三。又設安西都護府，下隸龜兹等都督府四。在四都督府以外，則於西域十六國中分置十六都督府。突厥各國尊唐爲天可汗。八世紀末葉，唐朝衰亂，回紇復強。西域各國，不復稟命。惟遠至波斯，仍有賈胡至中國經商。

當西突厥帝國強盛時，曾與東羅馬帝國聯合攻入波斯。然七世紀以後，西突厥部落分裂，互相競爭，中國吐蕃大食亦相互牽涉於競爭之中。因突厥可汗之相繼，不限於父子，故一可汗死，往往兄弟爭立，所有東方五咄陸，西方五弩失必，內部混亂，其原因卽由於此。數百年中，紛紛擾擾，比至一二九九年，在小亞細亞突厥人中有一豪酋巴牙卽的興起。稱爲奧斯曼Osman，先自拜占庭帝國手中佔取了小亞細亞，自稱爲蘇丹(Sultan)。於一三五六年，武裝渡過達達尼爾海峽，侵入歐洲，一四〇二年，巴牙卽的與帖木兒作戰兵力達五十萬人。戰敗被俘，次年病死。其子四人，仍分據各地。其孫馬美特，於一四四〇年以後，不斷發展，佔領整個巴爾幹半島。比至一四五三年，以十五萬人兵力攻入君士坦丁堡，東羅馬帝國末一任凱撒坦丁十一世，及守軍八千人全部戰死。馬美特以君士坦丁堡爲都城。建成土耳其奧托曼大帝國，回教勢力遂大振於歐亞之間。至十七世紀，始告衰落。

【按】　突厥民族不西遷而留居於中國塞北及西域者，多與蒙古族混合。故蒙古部隊之中多突厥人，惟突厥蠻則係中亞及波斯一帶人民習用突厥語文者，不完全是突厥人。

土耳其帝國至十九世紀末葉，衰頹不堪，世譏其爲「近東病夫」。二十世紀二十年代，凱末爾始重振土耳其之內政。惟疆域已不如前。第二次世界大戰，近東突厥族諸國幸未捲入。茲則土耳其、伊朗、伊拉克、約旦諸國，皆有興盛之象。

五、蒙古本部元裔各汗國

（一）韃靼與瓦剌

一三六九年明朝興起後，妥懽帖木兒（元順帝）北走。其遺裔之在漠南者，仍稱元朝。繼續與明抗爭。易五主後，始去元國號而稱韃靼可汗（史稱北蒙，但並非各部落統一之名稱）。明永樂時，韃靼與瓦剌二部，又在斡難河一帶強盛。韃靼之阿魯台立本雅失里為可汗，永樂七年（一四〇九），大敗明軍於臚朐河。明統帥丘福等全軍盡沒。永樂親征，次年與本雅失里戰於斡難河，又與阿魯台戰於飛雲壑。明軍大捷。十二年又親征，戰於蘭忽失溫，大敗瓦剌馬哈木之軍。二十年，明又大舉征阿魯台。二十一年（一四二三），韃靼王子也先土干降，明封為忠勇王，賜名金忠。阿魯台仍不服。而瓦剌部落，則脫歡於宣德中（一四三四）立脫脫不花為可汗。阿魯台旋被瓦剌脫歡所殺。明封脫歡為太師，順寧王。

脫歡死，子也先嗣，瓦剌日強。正統十二年（一四四七），明英宗親征，兵敗於土木堡。全軍二十餘萬人盡歿，英宗被俘去。弟景宗繼立。用于謙守禦北京，迭敗瓦剌之兵。英宗獲歸。瓦剌旋立脫脫不花之子阿著，明人稱之為小王子。小王子併青海及西藏，控弦十餘萬。明初西北拓境本至嘉峪關而止。至是，關外西域各地，皆爲蒙裔所據。

在土魯番之安克帖木兒。永樂初附明，封爲忠順王。後裔不振，而速檀阿力強。傳子阿黑麻。侵軼至哈密。宏治八年，明軍襲入哈密。正德八年（一五一三），土魯番火者他只丁又攻陷哈密。屢擾西北，以迄明末。

（二）毛里孩與俺答

在河套（今寧夏）之蒙古部落。爲毛里孩、阿羅出、孛羅忽三部。皆於英宗天順六年入河套。三部初附明。後漸蕃息，寇明陜、甘、晉北、大同各地。殺掠人畜數千百萬。嘉靖元年（一五二二），卜赤自立爲亦克汗，大舉攻固原平涼各地，此後不斷入塞，歷時二十餘年，二十五年（一五四六），竟深入至陜西之三原、涇陽。明廷征討，時勝時敗，終明之世，迄未能收復河套。

在開原、和林一帶之元裔，爲俺答。與在河套之卜赤，係族兄弟。在河套之吉囊，則爲兄弟。其祖卽爲明稱爲小王子之阿著。俺答因分地貧，喜寇掠，逐漸強大，有騎兵十餘萬，嘉靖九年以後，遂攻寧夏、宣府、大同、陜北各地，歷時十餘年。二十一年（一五四二），破大同，經朔州，入雁門關，掠太原而南。明都（北京）戒嚴。俺答屠掠山西平遙、介休等三十八州縣，殺僇男女二十餘萬，掠牛馬豕羊二百餘萬。山西殘破不堪。至三十年，明與俺答通馬市，但俺答仍續攻掠，且由西北而至東北。三十二年（一五五三），俺答與朵顏以二十萬衆攻古北口。明總督楊博力戰，守八日，俺答不利，始退去。三十七年至四十五年（一五五八—六六），又攻大同、宣府及薊遼各地，明築邊堡多處，濬壕千餘里，始扼其鋒。

隆慶四年（一五七〇），俺答已老，而貪淫好色，因其外孫女三娘子貌美，強納爲妾，俺答之孫那吉怒而降明。俺答恐明殺其孫，與明言和，明遣那吉還。次年，封俺答爲順義王。三娘子慕華化，明邊臣饋以金珠彩鈿等，使勸俺答勿犯邊。時西藏之聖識剌麻至青海講三生善緣，諸台吉亦厭兵，遂信佛教而言和平。萬歷九年（一五八一）俺答死。計雄長塞北，歷五十年。明之西北各省，爲之殘破。俺答之子黃台吉襲封順義王，將收三娘子爲妻，三娘子嫌其老。明宣大總督婉勸之。遂從其舅黃台吉。十四年，黃台吉死。子撦力克繼。明邊督鄭洛勸其盡逐諸妾，而與三娘子結婚。撦力克從之。明封撦力克爲順義王，三娘子爲忠順夫人。築歸化城以居。三娘子爲三世之可敦，時以爲奇。惟河套問題，因受封互市，皆得三娘子之贊同，邊疆始靖。而東部土蠻——小王子之裔東遷遼東者，與西部由哈密侵至青海之蒙古，則仍不斷與明作戰。

蒙古在本土及河西各部，自黃教興起後，多信佛法。自俺答迎西藏之第三世達賴至青海，建仰華寺奉之，並大會諸部，飲長生水，達賴勸其止殺，東通中國。俺答從之。此後黃教化行諸部東西數萬里。成爲蒙古之國教（在印度及中亞者，仍多信回敎）。

明季，韃靼被察哈爾之林丹汗所滅，餘衆居於歸化城。

三　清朝與蒙古

十六世紀後期，蒙古——大分爲四：一爲漠南內蒙古；一爲漠北外蒙古；一爲漠西厄魯特蒙古；一爲青海蒙古。清初興時，在察哈爾之林丹汗致書皇太極，語甚倨傲，皇太極率兵踰內興安嶺一千三百里襲攻之。林丹汗大敗，走死於青海，其子降，清封爲親王，位在四十九旗貝勒之上。康熙時又抗清，爲清所滅，編爲八旗，隸於理藩院。歸化城之蒙古，則由清設官治理之，同於內地。

在喜峯口外之科爾沁蒙古，初與清戰，後與清交好，清初封爲土謝圖汗，後封爲土謝圖親王、達爾漢親王、卓理克圖親王、札薩克圖郡王及鎭國公等職。並互結姻親。順治有「朕世世爲天子，爾等世世爲王」之言。二百餘年中，與清終始。

在漠北庫倫一帶之蒙古，爲喀爾喀部，清初，擁阿巴岱爲土謝圖汗，又分爲車臣汗，及札薩克圖汗。先與清和好，後抗清，爲清所敗，又附清。清康熙時，喀爾喀部被厄魯特蒙古所攻，三部皆潰，先後東奔，清處之於多倫。清旋出兵，擊敗厄魯特噶爾丹後，命三部返故土，編爲五十五旗。乾隆中，增至八十二旗。其地東界黑龍江，西界厄魯特，南盡瀚海（戈壁），北界俄羅斯，東西五千里，南北三千里（現爲外蒙古）。

青海和碩特部蒙古附厄魯特蒙古，與清爲敵，雍正時岳鍾琪突襲擊破之。分其地爲二十九旗，由蒙人放牧。

厄魯特四衞拉蒙古分四部，四部之名曰綽爾斯、曰土爾扈特、曰和碩特、曰都爾伯特，在今新疆北路迪化伊犁各地，係元脫歡太師及瓦剌也先之裔。清初綽爾斯強盛，擴境至青海、西藏、內外蒙古，稱準噶爾汗。與西藏之桑結互相勾結，欲建成一大國。一度攻近北京僅七百里。康熙三次親征，三十五年（一六九六），擊敗準噶爾汗噶爾丹於昭莫多。準部駝馬多死，噶爾丹欲返準部，而其姪策妄那布坦自立，部衆多附策，康熙三十六年（一六九七），噶爾丹走死。雍正時，準部大小策零入寇，雍正七年六月（一七二九），大敗清兵於和通泊。十年（一七三二）又入寇，被蒙古郡王康熙之額駙策凌襲擊大敗而回。準部始乞和，雙方議定以阿爾泰山爲界，至乾隆十年（一七四五），準部大小策零皆死，部族爭立，自相殘殺，準部大亂。十九年（一七五四），酋長阿睦撒納率一部東奔降清。二十年二月（一七五五），清軍以班第爲定北將軍，永常爲定西將軍，出兵五萬，馬七萬匹進攻。以降人爲嚮導，所至無阻，五月抵伊犁，準部達瓦齊汗走格登山，清兵追及，一戰而勝。達瓦齊汗逃至烏什，被回部擒以獻清，清廷赦之，收其地而封之爲親王。又封阿睦撒納爲雙親王，命入朝，釋被準部所拘之回酋小和卓木，使返回疆。命班第在伊犁辦善後。八月，阿睦撒納突叛變，因清兵已撤，留伊犁者僅五百人，班第東走三百里，被圍而死。永常亦退至巴里坤，清廷大怒，二十一年正月，(一七五六)命策楞爲將軍進討，又命大學士傅恒視師。清兵至伊犁，阿逃、哈薩兒等各部皆叛清。道路中阻，十月，副將軍兆惠以千五百兵自伊犁轉戰而南。二十二年正月，至烏魯木齊(今迪化)，旋被圍於特納格，天大風雪，結營堅守八日，始得援兵解圍。三月，乾隆命兆惠與成袞札布進攻。值厄魯特痘疫盛行，死亡相繼，各部皆散走，清兵前進搜勦，因過去降者屢叛，遂悉行屠殺。厄魯特六十餘萬口，計死於痘者二十餘萬人，逃入俄境者十餘萬人。被殺者近二十萬人。和碩特部之一部分亦被枉殺，瓦剌之裔殆盡。清闢疆周達二萬里，爰名新疆，與俄爲鄰。

(附) 蒙境之回族

新疆之回族，係回紇回鶻之裔。亦有自中亞東遷者，本附於準部。準部平後，清廷以烏魯木齊爲中心，在伊犁各地派兵駐防。乾隆二十年(一七五五)，在天山南路之回部大和卓木，信其弟小和卓木之言，不肯附清，自立爲巴圖魯汗。二十三年五月，清兵攻之於庫車，大小和卓木走阿克蘇，清兵攻城，死者千餘，雖入城，所得不償所失。清續命兆惠爲將軍進攻，十月，軍至葉爾羌，回部堅壁清野，集萬餘人與清兵決戰，相持五晝夜，清兵反被圍於黑水營，幸兆惠善戰，堅強不卻，歷時三月，副將軍富德自阿克蘇聞訊馳援，二十四年正月（一七五九），至呼爾璊，又會阿里袞之軍，二月九日，分兩翼進攻，兆惠亦突圍出擊。回部敗入葉爾羌城。清兵返阿克蘇。二十五年四月，兆惠又由烏什攻喀什噶爾，富德由和闐攻葉爾羌，大小和卓木因知兆惠善戰，清兵勢盛，棄葉爾羌而走，清兵追至巴達克山，斷其走路，樹纛招降，降者蔽山而下，大小和卓木走入巴達山，被巴達山酋所殺。各回城皆平。本在西域附蒙古部落者，至是悉隸於清。（回部之哈密、葉爾羌、吐魯番各城，本係蒙古人爲汗，多係元裔，準部強時，盡滅諸汗，設昂吉治理。清收回部後，改設阿奇伯木克治理。各城設辦事領隊大臣。惟因派在回疆之大臣官吏多貪淫昏暴，虐待回民，故此後一再激變。至清末而未已！）

（四）六十年來之外蒙

自清季海禁開通，各地交通日啓，內蒙牧地漸開墾爲農地，社會經濟情況劇變。內外蒙之王公台吉等世襲部落制度，亦與時代脫節，不易維持。俄人則不斷誘脅外蒙「獨立」，在民元前一年（一九一〇），俄已迫清廷駐庫倫辦事大臣三多離境，以活佛哲布尊爲傀儡，宣布「獨立」。民國政府成立後，不承認外蒙獨立，準備派兵北進，逐走俄人，恢復秩序，中經抗議交涉，於民國四年（一九一五）在恰克圖訂立中俄蒙協約。規定外蒙汗由中國冊封，外蒙無權與外國訂約，但可以自治，中俄皆不干涉外蒙之自治內政制度。比至民國六年(一九一七)，俄國發生共產革命，無力東顧，而白黨又侵入外蒙。我政府派兵綏靖，至民國八年(一九一九)，徐樹錚任西北籌邊使，在庫倫向外蒙王公喇嘛等提出條件，由外蒙自行撤銷自治。我政府卽允其請，但對於蒙汗及蒙人自治權益等，一仍其舊。以共享共和幸福爲言(俄人侵佔之唐努烏梁海地區亦收回)。

比至民國十年(一九二一)二月，俄國白黨侵入庫倫，赤黨則侵入恰克圖，我國駐庫倫之官兵退出。白俄又脅活佛宣布「獨立」。但至十月，蘇俄赤黨攻入庫倫，白俄潰散。赤俄遂脅組「外蒙人民革命政府」。並殘害傾向中國之民族份子，至民國十三年(一九二四)，外蒙又改稱爲「外蒙人民共和國」。蘇俄則在庫倫駐兵。數年之中，在庫倫之我國商民二十餘萬人，皆被迫走。我國迭與蘇俄交涉，皆無結果。二十五年(一九三六)俄蒙且簽訂互助條約。我政府提出嚴重抗議。俄仍強辯。嗣又訂日蘇中立協定，俄則保證不侵「僞滿」，日則保證不侵外蒙。我政府發表聲明，不承日蘇損害我國領土及行政完整之任何協定。

民國三十四年(一九四五)，我國抗日戰爭將告勝利。英美與蘇俄在雅爾達舉行會議。史太林竟說服羅斯福簽訂密約。爲「外蒙古(蒙古人民共和國)的現狀，應予維持。」而與我訂中蘇友好同盟條約，勸我國尊重外蒙人民之公意，以投票表示其是否願意獨立。乃至十月間投票，外蒙採用記名投票方法，使反對獨立者不敢投票，結果遂以百分之九十七點八投贊成票爲言。我政府爰於三十五年（一九四六）一月，發表承認外蒙獨立之文告。五十年（一九六一）在聯合國對外蒙入會，且放棄使用否決權。

二十餘年來，外蒙實際上軍事、社會及經濟，已被蘇俄整個侵入。成爲蘇俄共產衞星國家之一。人民自由，悉被剝奪。甚且貶抑偉大創造之成吉思汗，而歌頌渺小媚蘇之蘇赫巴爾圖。筆者敍述蒙古史至此，遙望雲天萬里，吾欲無言！

【按】中華民國以「五族共和」爲立國之基，原則上自不贊同外蒙古「獨立」，更反對外蒙古是蘇俄控制的赤色政權。但自民十以後，外蒙就一直在蘇俄武力控制之下，三十四年對日抗戰已勝，政府爲求中蘇友好，同意外蒙以投票表示意願，遂造成此一結果。四十二年我政府宣布廢止中蘇友好條約，因此約而承認之外蒙獨立，亦復予以撤銷。（外蒙現有人口爲壹百貳拾萬人。）唐努烏梁海則於民十後又被俄佔，現成爲「唐努圖哇共和國」。

附錄一：

蒙古與韃靼、突厥、回、藏之同異

蒙古古不通中國，相傳謂其初在黑龍江流域，後一部徙於斡難河流域。至唐始知有蒙兀、蒙瓦、室韋（記見新舊唐書北狄傳）宋松漠紀聞中謂「有朦古國，又云盲骨子，其人長七尺，捕生糜鹿食之，金人嘗獲數輩至燕，其目能視數十里，秋毫皆見」。（按：清魏源所著聖武記中，言蒙古侍衞脫克渾登山遠望，能盡得敵情。又方觀承從軍雜記謂蒙人有名椎者，能目視三十餘里。可知蒙人眼明，乃一特長，並非臆說。）遼史紀有萌古，遠萌古。而亡遼錄中則謂「置西北路都招討府，鎮攝韃靼、蒙古、通烈諸國。故王國維作韃靼考，證明韃靼並非蒙古（韃靼有三種，曰白、曰黑、曰生。係突厥系沙陀別種。遼時稱阻卜，在金則稱阻轐）。

當成吉思汗興起時，與韃靼族之塔塔兒部、汪古部等乃係仇敵。四種塔塔兒部且被屠滅。但有一部分降附。厥後韃靼族遂爲蒙古部屬之一。而自唐宋以後，北人多呼南人爲蠻子，南人多呼北人爲韃子，彼此互相稱呼，並不介意。故宋人徐霆歸自塞外，稱蒙古爲黑韃，作黑韃事略。趙珙隨使自蒙歸來，稱爲蒙韃，作蒙韃備錄。宋亡以後，若干筆記中，皆稱蒙人爲達子。明興以後，蒙古退出塞外，旋去大元國號，而稱韃靼，於是蒙古與韃靼，遂名實相混。甚且在俄境者，亦多統稱爲韃靼人（見托爾斯泰所著之戰爭與和平中）。歐洲及印度等學人著作，遂多謂蒙古可汗係韃靼人，實則非也。

此外，蒙古之譯名，有毛褐室，與毛割石。前者或因蒙古係毳幕（卽斡耳朵）之居而名。後者或因蒙人以牛馬腹中之結石名酢答者磨粉禱天而名（毛褐室卽謨葛失）。二者當係漢人所名。

又蒙古與突厥，並非同族，惟突厥自被唐朝擊破後，一部分附唐，同化於中國。一部分在西域及蒙疆，與蒙族混合（如克烈部、乃蠻部等）。一部分則西至西亞，成立西突厥帝國，後又分散，在波斯、土耳其與當地民族混合而成爲突厥蠻、奧圖蠻，蒙古裔後，建立波斯帝國與土耳其帝國。（在此以前，則波斯黑衣大食被帖木兒征服。）凡此三部份突厥之分散混合，自唐初至清季先後歷時千年以上。至於突厥族之信仰回教，則在西遷以後。係接受阿拉伯之宗教信仰。另一在新疆之維族——畏兀兒，則爲突厥西遷後回紇興起之別支。與蒙族本不相混合。惟畏兀兒王亦都護歸附成吉思汗，且從征西域，雙方關係一貫良好而已。比至近代，維族若干份子，因受蘇俄煽惑，欲在伊犁等地組僞東土耳其斯坦。則爲不知歷史因緣之愚擧。因突厥及回紇部族，乃係東亞及中亞人種，俄人斯拉夫族則係北歐人種。波斯與土耳其始終不能與俄協和，卽因種族有別。維族與漢族蒙族合，則順而易。與俄人合，則格格不入。抑且俄人自十六世紀以後，消滅甚多蒙族之汗國，又東進凌鑠漢族。所謂扶植維族，完全是利用與愚弄，故維族之智者，皆親附中國而不信俄國。

再言回族。回族分數支：㈠為回紇興起後，於唐宋時代入居中國之回族，生活習慣，已皆漢化，惟皆信回教，守戒律，其生活之整潔嚴肅，且有過於漢族者。㈡為居於西北塞外哈密各地之回族，則多係回紇衰落後之遺民。自成村落，設有大伯克（回王）等，自行治理。㈢為在西域之回族，有係唐宋以來留居之回鶻，有係成吉思汗自中亞回回國（花剌子模）迫使東遷或俘來之軍民工匠等後裔。㈣為現在中亞、西亞（近東）印度之回族，則或係本居該地，或係隨蒙軍前往之色目人。㈤在俄疆之回族，多係與蒙人偕同西征之色目人後裔。

在西藏之藏族。唐為吐蕃，明為土番。清人謂蒙族與之同源。實則非是。惟十五世紀以後，蒙族信藏族之宗教，蒙藏在青寧歸綏察之間彼此諧和。國人對西藏喇嘛與蒙古喇嘛視同一致而已！

聖武親征錄與蒙古秘史之異同

皇元聖武親征錄，撰者非一人。王國維校註。謂皆出於明鈔說郛本，當係元初人所記。

錄中稱也速該爲烈祖神元皇帝。所載事與蒙古秘史有同有不同。錄謂也速該獲塔塔兒部部長帖木眞斡怯。適子初生，故名子曰帖木眞（錄中已稱爲太祖聖武皇帝）。也速該死後，泰亦赤兀族脅迫部衆叛散，部人察剌海老人不從，且被刺了一槍。與秘史略同。此後記載甚簡而無法，對於成吉思汗之逐漸興起，皆無記述。僅言與札木合戰，而諱第一次作戰之敗。續言泰亦赤兀族叛而復歸。赤老溫與者別二拔都及若干部族亦來歸。對與塔塔兒、蔑里乞之戰，皆僅言其衆敗走而不詳，次序先後更多誤。

成吉思汗與王汗合攻札木合。於今科布多之南，王汗多燃火於地，而潛移師於哈薛兀里河上（今哈剌泊），受札木合之降。成吉思汗遂移師撒里川，與王汗之交始離。但後仍援王汗戰退乃蠻。其在亦剌合，及忽蘭盞側山兩戰之捷，則爲蒙古秘史所無。中言王汗昆弟之叛，塔塔兒諸部之擁立札木合，則時間上與蒙古秘史先後互異。

成吉思汗幾被王汗誘捕事。親征錄中謂係王汗近侍也可察合蘭者知其謀，與妻子言時，被牧馬者乞失力所聞，馳以告成吉思汗。與蒙古秘史所載者異而較確。惟被襲戰敗事則不記。責王汗父子負義，並約派人會議，誘與王汗盟而潛攻之於今土拉河南之策策山，盡降其衆。王汗父子走死，皆與秘史語合。

征乃蠻之役，成吉思汗以瘦馬誘其速戰。太陽汗欲囘兵引蒙軍近阿爾泰山，囘軍攻之，而部將火力速八赤等謂昔年可汗勇戰不囘，未嘗以馬背人後使人見，今何怯也。太陽汗逐決戰。乃札木合之衆先走，乃蠻之軍遂被殲於鄂爾昆河。又征西遼、西夏及伐金諸役，親征錄中或詳或不詳，仍繁簡無法。征花剌子模之記載亦然。

成吉思汗之死。親征錄中脫文。窩濶台（太宗）立後，記其滅金諸役，及一二三五年建和林城宮殿，分賜諸王城邑，命忽都忽、牙老牙赤，治漢民，伐宋，入蜀。以及築掃鄰城、禿思兒忽城（一在和林南，一在和林北，今皆無存。）等事，至窩濶台死而止（一二四一）。

此一史料，中有可取者，爲傳說離事實發生之時不遠，質樸可信。缺點則爲雜亂無章，記小事而不記大事。然以當時蒙古書契之簡，消息之阻及語言之隔膜，亦可諒也。

成吉思汗滅國四十考

金邦告宋朝曰：「蒙古滅國四十，遂伐西夏，並及於我，我亡必及於汝。」此四十國究爲何國？

按成吉思汗併呑之各部，在伐西夏以前者。計有(1)泰亦赤兀惕；(2)合塔斤；(3)撒勒只兀惕；(4)巴鄰；(5)沼兀列亦惕；(6)那牙勤；(7)兀魯兀惕；(8)忙忽惕；(9)失主兀惕；(10)朶豁剌惕；(11)阿魯剌惕；(12)雪你惕；(13)合卜禿髮合思；(14)朶兒邊；(15)兀良合惕；(16)宏吉剌惕；(17)亦乞剌思；(18)豁羅剌思；(19)斡勒忽訥兀；(20)火魯剌思；(21)也里吉斤；(22)汪古惕；(23)塔塔兒（四種）；㉔乞兒吉思；㉕禿馬惕；㉖蔑兒乞惕；㉗克烈亦惕；㉘南部乃蠻（太陽汗；㉙北部乃蠻；㉚斡亦剌惕；㉛謙謙州；㉜兀兒速惕；㉝失必兒；㉞乞爾吉速；㉟禿合思；㊱巴亦惕；㊲伯岳吾惕；㊳肅良合；㊴主兒扯；㊵乞塔惕；㊶哈答斤；㊷撒兒助特等。

凡此諸國，多係部落組織。多者數萬人，小者數千人。惟如南部乃蠻與北部乃蠻則係八個黠戛斯組合之大國。而王汗與札木合，則各組合此中各部落數個或十餘個。其力亦不可輕視。凡此各部落，因多係行國，根據地並不固定，或戰敗分散，或望風遠遁，或散而又合，或降而又叛，皆狡而善戰，統一非常不易，成吉思汗能將其次第征服，洵乃曠世之天才。

蒙古各部征服統一後，成吉思汗統率之以滅西夏，滅西遼，降畏兀兒，滅花剌子模，伐金，取華北，平欽察，入斡羅斯，所向無敵，威行數萬里，蓋各族效命，兵源自裕，以行國擊居國，來去自如，致於我而不致於人，蒙古之強大，當時遂冠於世界。

蒙古軍隊強勁之原因

蒙韃箋記係南宋徐霆與彭大雅所作。二人曾奉使赴蒙古草地，所見所聞，非常翔實。其言蒙軍之強，首言蒙人善於養馬。兒童時即善騎，軍民合一，年十五以上入隊後，人二、三騎或六、七騎，故能久行不疲。其武器及裝備，則有柳葉甲、羅圈甲（革六重）、弓箭、環刀、長短槍、防牌、團牌。攻城則有炮。攻入敵境，必務抄掠，蓋因糧於敵。行軍時精騎先發，四散而出，登高望遠以防伏，哨探既明，卽蜎集併力攻擊。交鋒之始，每以騎隊往突敵陣，一衝若動，卽長驅直入。若不動，再次隊後隊再衝，又分兵四布，一聲「姑詭」，則四方八面響應，一時俱撞。或臂團牌下馬而射，一射中鏑，卽乘對方之亂而衝入，以騎蹙步。其有堅壁固守者，則驅牛畜或鞭生馬以攪其陣，或環騎疎哨，時發一矢，使敵防守勞苦，俟其水糧缺絕，進兵迫之。一經對方陣動，則一衝而破，乘勝追殺，不容逋逸。若戰不利，則四散併走，使敵追之不及。而野戰先相地勢，不見利不進，動靜之間，知敵強弱。百騎環繞，可裹萬衆，千騎分張，可盈百里，摧堅陷陣，袵革當先。騎兵決不爲敵所包圍，利用馳突迅速，敵分立分，敵合立合。聚散出沒，皆視馬箠爲號令，來如天墜，去如電逝，自邇而遠，迅卽千里（元史中載朮赤與花剌子模回王初次戰，回軍衆而蒙軍寡，然一戰結果，回軍中翼、左翼皆敗，僅右翼獲勝。及入夜，朮赤置火於地，率衆馳去，次日回軍發覺，已距三日之程。追之不及，成吉思汗甚嘉朮赤能用兵。回王則驚駭之餘，方知蒙軍之勁悍飄忽，無法取勝。此後不敢再野戰，處處防守，結果一敗塗地。凡此可證徐霆之記述，並不夸大）。

凡諸臨敵，不用命者，雖貴必誅。凡破城守有所得，則以分數均之，自上及下，雖多寡必留一份以獻皇帝，餘物則敷俵有差。

蒙軍出征，宰羊爲糧，出入只飲馬乳。羊盡，或因糧於敵，或射飛逐走爲食。故屯數萬人可不舉烟火。進退殺伐，燒羊骨，驗文理，以辨吉凶而決大事。經常打圍射獵，以習武事。箭能達二百步之遠。戰死者同伴駝屍以歸，可得其妻奴畜產。若爲隨從之奴，則止給以畜產。蒙古婦女，隨軍行動者，亦能參加作戰（成吉思汗之孫，攻城戰死，城破後其妻命盡屠其人，可爲蒙婦隨軍西征之證）。

蒙古官制與喇嘛

蒙俗質朴，與起後，成吉思汗雖封左右萬戶，及九十六個千戶。但設官甚簡，管文書者爲必徹徹。（清人轉音爲筆帖式）管百姓者爲達魯花赤。環衞則曰火魯赤。使人則佩金牌或銀牌（或稱金虎符），稱爲宣差。所𢇛之他族大臣如耶律楚材、田鎭海等，實際上並無官名。其稱中書丞相，或將軍、侍郎、宣撫使，以及歸降擁有部隊之武人，稱爲元帥。據黑韃事略所載，皆係沿用遼金舊銜，用以自稱。『隨所自欲而盜其名』，初無宣麻制誥之事（卽並無正式文書封拜委任）。故如耶律楚材是否曾任爲中書令一事，過去曾有人作種種考證。實則其工作之重要，確同於中國之中書省長官，但並不是被任爲中書令。又如木華黎之國王元帥，則成吉思汗命其主持華北一切，等於國王，也並不是封爲國王。但華人則稱其爲權皇帝。

蒙古伐金入中國後，逐漸華化，始有左右相，左右平章等，至忽必烈時，仿行中國官制，設置丞相、御史大夫、六部、行省、平章政事、左右丞，以及宣慰司、使、同知、副使、總管、知府、知尹、知州、同知、縣尹、縣丞、主簿、縣尉等。然蒙人任官仍多爲萬戶、千戶、元帥、達魯花赤等。貴族則爲汗、爲王。迄至清季，蒙地官制爲王、公、貝子、台吉、梅倫、札克齊（掌印）、掌蓋、（管戶籍）等，其下卽爲當差的奴才，與平時謀生，戰時從征的百姓，組織甚簡。至於喇嘛，亦有輩次大小。但無職級之別。有住招（寺）中者，亦有住在王府中者，極爲蒙人所尊禮。除誦經祈福外，傜役均免，故蒙人多喜爲喇嘛。自十六世紀以後，人口日減，端由於此。

邱長春眞人西遊歷程

山東登州道人邱處機以七十三高齡，奉成吉思汗之召，西行萬餘里，覲見於大雪山之八魯灣。爲中國道教思想影響蒙古之一大事。召見動機，由於善製鳴鏑之劉仲祿向成吉思汗言邱長春眞人有保養長生之術。故命劉傳旨敦請，詔書文字言「渭水同車，茅廬三顧」。完全係漢人手筆。時爲一二一九年五月。

庚辰年（一二二〇）二月，邱眞人至燕京。八月至宣德。次年二月北行，度野狐嶺。北過撫州（今察哈爾張北縣），度戈壁。四月初，入小沙陀，五月下旬，抵喀爾喀（外蒙土謝圖汗中右旗地），已至外蒙部落黑車白帳集居之地，男子結髮垂兩耳，婦人高冠二尺許，名曰故故。刻木爲契，言必守信，茹毛飲血，奉命不辭。遇食同享，逢難爭赴。蒙古之強，端由於此。邱眞人一行旋渡土拉河，經龍庭故城，山川秀麗，水草豐美，六月十三日，過長松嶺，沿察罕泊而行。經烏里雅蘇台之旁，七月初至燕子城，（今綏遠興和縣西北）金之被虜妃嬪徒單氏、夾谷氏等，多居於此，號泣相迎。城中尚繁盛，遂留建一道觀，人爭效力，不一月而成。八月八日又西行，度阿爾泰山，以百騎挽繩懸轅以上，縛輪以下，連度五嶺，出山至烏倫古河，渡河而南，至戰場白骨甸，又涉大沙陀，行甚艱苦。二十七日至和州（火州，漢之車師，唐之高昌，今土魯番縣東三十里）。回族居之。繼至別失八城，爲畏兀兒王亦都護之庭。（唐庭州，今迪化）。獲得異花雜果名香供養，且列侏儒伎樂。九月二日又西行，重九至昌八剌城。續沿陰山而西，過天池，度松關，入果子溝，經四十八橋，於二十七日抵阿里馬城（今伊犁）。時半山上已積雪，山前溫暖如春，山後衾寒如鐵。十月二日渡伊犁河。行十六日渡吹河至八里沙（卽八喇沙袞，唐裴羅將軍城）。乃耶律大石之東都。平地頗多，農產稻、麥、豆、葡萄甚多。留住十八日，由此而西，過咀羅斯城，於十月終抵塞藍城，回王迎待（溯自阿里馬而西，所經各城，皆奉回教，有回王招待，可知成吉思汗雖西征中亞，破滅回回國——花剌子模，但並不廢滅回教。在西域回族之歸附者亦尚能安全存在。）十一月八日至尋思干境，繼渡錫爾河。十八日至撒馬兒罕。

（古康國，耶律大石建爲都，稱河中府，今烏孜別克首府。）蒙古及回紇帥，載酒郊迎。遂留住冬。見孔雀、大象，皆由印度來。次年（一九二二）二月二日，諸帥邀邱眞人遊郭西，園林相接百餘里，柳絮梨花，鮮明麗郁，隨處有臺池樓閣，間以蔬圃，雖中原莫能過。但寂無鳥聲。邱眞人作詩云：「陰山西下五千里。大石東過二十程。雨霽雪山遙慘淡。春分河府近淸明。園林寂寂鳥無語。風日遲遲花有情。同志暫來閒睥睨。高吟歸去待昇平。」河中風物之佳，於此可知。

三月十五日，邱眞人自撒馬兒罕啓行，四日過碣石城（在撒馬兒罕西南三百六十里。亦名渴石城），蒙回軍千人護送過鐵門，過山後，行七日，渡縛芻河（史記大宛傳之嬀水）。四月五日，至大雪山東南印度河上成吉思汗之行宮（按其地應在今喀什米爾境，非阿富汗境）。進見叉手爲禮，成吉思汗與談大悅，命人呼爲神仙。隨同避暑於八魯灣。因成吉汗亟須出發親征，邱眞人辭返撒馬兒罕。第二次赴行宮時，於途中逢識鄭景賢。

【按】鄭景賢係窩濶台之醫官，其人廉讓仁愛，能詩，隱於醫，隨機救護多人兵刼。後此汴都之破，蒙軍欲屠城，賴其向窩濶台曲折陳解，數十萬人得以免死。耶律楚材有與鄭唱和之作七十五首，見於湛然集中。鄭與耶律楚材，邱處機，三人道不同。而濟世拯民則同，皆仁人也。

撒馬兒罕時亦名回紇城。廣袤際西，萬里無窮，四月草枯如冬。及冬川野如春，卉木再華。八月二十二日，邱眞人又至八魯灣行宮。隨成吉思汗東返。九月十五日，在行帳中講道，太師阿海阿里鮮以蒙語傳譯。十九日再講，二十三日三講，說養生之道。語皆平實。且言無藥物可以長生。成吉思汗大悅。隨返至撒馬兒罕後。諸多講述，並言孝道。成吉思汗集太子諸王大臣曰：「漢人尊重神仙，猶汝等敬天，我今愈信眞天人也。」

癸未年（一九二三）二月，邱眞人辭欲東返。告成吉思汗謂曾約期三年。並諫成吉思汗年高勿再行獵。成吉思汗曰：「朕已深省，神仙勸我良是。我蒙古人騎射少所習，未能遽已，雖然，神仙之言在衷焉。」又顧謂吉息利答剌汗曰：「但神仙勸我語，以後都依也。」

【按】邱眞人與成吉思汗談道事，其言秘而未傳。惟勸戒殺、勸孝、言天道好生等，則爲衆所知。此後成吉思汗屠殺稍減，蒙古人多信道、信佛。中國人民入全眞教者尤免死甚衆。邱之功德實大。而如成吉思汗之英傑能信一有道之士，彼此晚年相逢於萬里之外，洵一奇緣。又耶律楚材時在西域，曾與邱眞人相見，彼此有詩倡和，惟耶律信佛，後此不復通問。比至蒙哥時，番僧喇嘛教盛行，其中僧徒，甚多貪濁，遂與全眞教互爭寺產，不知全眞教之觀產，其中雜有僧寺，則多係金末兵戈大亂時賴全眞教而保全者。乃僧人至元辨僞錄之作，則除引耶律之言以訕邱眞人外，且造作若干謗言，對道教厚加詆毀。且謂作長春眞人西遊記之李志常，係因與少林裕長老廷辨不勝，忿恚而卒。此爲蒙古盛時僧道互爭之一大公案。實則道教、佛教、（喇嘛教）、回教、景教，蒙古皆一視同仁。寺產之爭，與信教無關。

三月十日，邱眞人辭別東返。成吉思汗賜物不受。遂賜旨蠲免在中國之全眞教徒徭役。四月初，邱眞人及弟子等返至伊犁。八月中回至宣德。次年二月，回至北京。適符去時三年之約言。成吉思汗遣使存問。時士民尊信者衆，建觀設醮，盛極一時。

丁亥（一二二七）七月九日，邱處機卒於長春宮。年八十。是年五月，成吉思汗因出獵墜馬受傷，七月卒於甘肅之清水縣，年六十六。

尼科羅孛羅與馬哥孛羅

一二六〇年尼科羅孛羅和他的弟弟瑪孚，由威尼斯出發，目的地是印度、西伯利亞、中國。他是一個大商人，以收購異域的絲織品、香料、珠寶、皮貨、象牙、黃金等爲業，因知此種物品出產地都在東方，故遠道來至中國，卻獲得了元世祖忽必烈的優遇，因爲過去沒有歐洲人到過中國。

尼科羅孛羅兄弟一住九年，辭返歐洲，忽必烈命其再來，到了一二七一年，孛羅兄弟又從威尼斯出發，前往大都（北京），並帶了十七歲的馬哥孛羅同行。途中歷經千山萬水，乘馬、乘犛牛、駱駝，以及人力推挽的帆船，有時須徒步跋涉，由現在的近東而至波斯、阿富汗，經由中亞細亞，爬過冰天雪地六千尺的帕米爾高原，越過風沙酷熱乾燥的西域（新疆）的大戈壁。中途還生了病，在阿富汗留居了一年，又被窩濶台的後王拘捕了一段時間。（時三房窩濶台系的後王，與四房拖雷系的忽必烈不和。所以濫拘過境的旅客，土耳其文記載這一段事，說是窩濶台汗，乃是大誤。）千辛萬苦旅行了四年之久，方到北京。忽必烈很欣賞馬哥孛羅這一個外國青年，派他爲專使到雲南、緬甸各地，又命在揚州做了三年宣慰使，他到過南京、杭州各地，覺得中國眞是錦天繡地，世界更廣大無限。而大元蒙古帝國的威稜強大，更非當時歐洲各城市國家所能比。他自歐來華，先後旅行留住，歷時二十四年，所經各地，把他所見所聞，都在記事簿中記了下來，其範圍是從歐人所稱的近東起，一直寫到西伯利亞、中國、日本、瓜哇、以迄蘇門答臘。介紹了東方的郵遞辦法，城市建築，各種防護設備，花園、船塢、紙幣、（時名爲交子、會子。）火器，以及宮廷中的繁華富麗等等，那就是著名的馬哥孛羅遊記。最後他從福建泉州出口，由海道經由非洲的一角，於一二九五年回到了威尼斯，歷時亦達三年之久。他父子兄弟雖展示了珍寶，但他的遊記，卻被威尼斯人視爲誇大，不予置信。一三二四年馬哥孛羅逝世時，神父還勸他爲了靈魂的安寧，至少承認若干故事是荒誕不經的。馬哥孛羅卻在嚥下最後一口氣前說：「我所說的還不到我所見到的一半呢！」

馬哥孛羅的遊記，其中究竟有無誇大之處？由其臨終之言，可以證明他並無故意誇大之處。不過也有若干處是說錯的。譬如說：杭州當時有一百六十萬戶，也許是可能的。但說有一萬二千座拱橋，則以當時的臨安故都範圍言，是不可能那麼多的。這當然是指江浙的河流區域而言。而以杭州之名代表了江浙兩省，乃是外國人在中國易犯的錯誤。因以威尼斯而言，本是一個城市，但他的轄區，當時亦不限於一城。凡此小疵，後世讀者是應當理解，不宜執一端而認爲所記欠實，犯了七百年以前威尼斯人同樣的錯誤。

西伯利亞之今昔

西伯利亞的意思，在韃靼語中，是「沉睡的大地」。（鮮卑利亞這一說似乎不對，因鮮卑族在東北不在西北。）其區域乃是亞洲的整個北部，廣大無垠，冰雪彌望，天然松林蔽覆了四分之三的面積，東西五千公里，南北一千五百公里，總面積比整個中國還要大。南北從長年冰封的北極到中南亞，最冷的地方爲華氏零下六十五度，土地凍得結結實實，已歷十餘萬年之久，冰層恒凍最厚的地區，厚達一千五百公尺。大多數則爲厚達三百多公尺或二百公尺。

貝加爾湖昔稱北海，有三百條河注入湖中，祇有一條波濤洶湧的安加拉河流出，湖中動植物達一千數百種。當十三世紀蒙古崛興的時候，貝加爾湖附近林木中的百姓，都被征服歸附。後屬於察合台汗國，但靠近烏拉山的區域和百姓，則屬於欽察汗國。後來昔班帝國興起，西伯利亞歸屬於昔班。不過當時蒙古人能活動統轄的區域，僅限於現在的伯力、伊爾庫次克、貝加爾湖附近及安加拉河、葉尼塞河、鄂畢河附近各地有人住的地方。所徵收的多爲野獸皮毛及羊牛等。對於西伯利亞中心接近北極圈的地區，以及接近白令海峽的大冰原地帶，因冰封雪凍，森林無際，並沒有人敢進去，進去了也無法生存。

西伯利亞中心的雅次克，離莫斯科五千公里。現有居民十六萬人。其地冷到華氏零下七十度，一年有八個月是冬天。當俄國沙皇時代放流政治犯及盜賊去強迫開發，死的人不知道有幾千百萬。蘇俄史太林又用奴工方式，放流幾千萬人去開路、採礦、伐木、構築各種工程，凍死苦死的更不計其數。但因現代有電氣、電力、機械、鐵路等設備，布拉次克水壩建成後，可發電四千五百萬瓩，西伯利亞的無窮資源，次第開發，奧伊梅、阿卡德等工業城市，不斷新建。成爲蘇聯的新心臟。第二次世界大戰時，蘇聯若無西伯利亞的工業作爲後盾，早已被希特勒所擊倒。西伯利亞各地多爲蒙古人。蘇聯政府現獎勵工人到西伯利亞去做工。最近且有邀日本去投資開發之說。因日人在西伯利亞的貿易額，一九七〇年已超過了六億美元（本文摘集 Lowell Thomas 之作）。

我國人記述貝加爾湖及西伯利亞者，過去甚少。民國十五年八月間，于右任過貝加爾湖有詩云：「東來雨濕興安嶺。南去雲迷杭愛山。多事來尋蘇武節。貝加湖上月兒彎。」後再過又有詩，謂：「貝加爾湖清澈底。波浪如鳧飛不起。照見征人半白頭。白海之名良有以。……」王陸一作箋云：「貝加爾湖一名白海，或稱北海。湖濱傳卽匈奴令蘇武牧羊處。色楞河穿湖而過，南流至庫倫。湖之南爲斯拉夫族地，北爲布利亞特族。湖面極大。

環湖鐵道未修時，有巨艦載西伯利亞列車渡湖，今鐵道繞湖行，盡在風景佳處。湖水澄碧，時漾白波，如飛鳧掠水狀。深處蔚藍浩淼，極波瀾壯濶之觀。羣山環湖若屏障，峯容歛紫，其端積雪瑩然，如對羣玉，縹緲若不可卽。……」又另箋云：「貝加爾湖北粤利漢島，上多漢文刻石，布利亞特人常往祀之。俄人修鐵路時毀去。伊爾庫次克北翁格山，舊亦有漢文刻石。……俄國博物館中，中國古鏡，皆西伯利亞得者。……尼布楚有中國式城，居民稱皇帝城，亦曰大王城，有蒙古成吉斯汗紀功碑。于右任先生曾見其拓本。」

于右任西伯利亞道中書所見云：「青青柏，密如麥。蒼蒼松，臥如龍。密密樺，亂如麻。樹暗有雲生。天寒無鳥聲。綠蔭如幄草如茵。征車十日無纖塵。行行一萬八千六百里。無日不在叢林裏。西伯利亞之遊樂如此。眼中之淚吾老矣。」王陸一箋云：「西伯利亞森林，橫亘萬餘里。林木多松柏杉樺落葉松等……火車燃薪，亦以就地多材故。……先生（于右任）言：外蒙丹巴卜爾濟相告云：吾蒙古民族，其始也，當環貝加爾湖而居……所有西伯利亞之布利亞特族。則當時故族遺留之人民也。」

于王二氏由西北赴莫斯科，在西伯利亞鐵路火車上所見之西伯利亞，雖歷程一萬八千六百里，所見實尙僅西伯利亞之一角。蘇聯對西伯利亞之開發，亦尙僅達上通古斯加河，由此更北而至中下通古斯加河流域、加丹河流域、泰密爾半島，以及勒那河流域、科力馬河流域各地，固尙多洪荒未啓，在冰天雪地中，並無城市。惟近代科學進步，北極圈內之荒寒地帶，資源亦可開採，未來之西伯利亞，極可能成為一影響及於世界經濟之有力地區。蒙古曾有其地五百年而不能守，不能開發，竟為蘇俄所有，及今知之，嗟何及矣！

諾顏山二百十二古墓

諾顏，乃蒙語皇帝之意。諾顏山在招木多東南。招木多則在庫倫之北二百六十華里。位於恰克圖之南。此山崗巒廻抱，墓在入山三十餘里許。淸季蒙俄合辦金礦公司，開採時初未發現古墓。民國十二年，某工人拾得玉器一件，某俄人見之，以為荒山之中，忽出此物，或其附近纍纍丘阜，皆係古墓，因試掘之，發現古墓二百十二處。據工人言：墓中古物甚多，皆被俄人取去。運往俄國。一部分陳列於列寧格勒博物院。墓中有一男、二女、六女、八女、三十女者，（女者當係殉葬。）棺內鑲金約一制錢厚。馬鞍與韈係蒙古式，又有玉印、絲繡品等。男子身軀偉大。女有辮者髻者，黑色髮甚多。及中國繡襪，當係中國女子。俄人謂係一千三、四百年間之墓。意卽為十三、四世紀時代蒙古名王之墓。于右任先生曾於民國十五年八月前往訪察，與蒙俄人士談。乃誤解謂「此為一千三、四百年前漢季匈奴單于之墓。」惟于氏亦甚懷疑。故在訪古墓記中言：「此墓中人不知為何代、何王。」實則考證蒙史，卽可知諾顏山乃蒙古貴族之葬地。（謂係匈奴之墓，或當時避免蒙人對俄人引起反感之說法。）又史謂成吉思汗亦歸於諾顏山，但不知其處。乃甘肅與隆山有成吉思汗之銀棺行寢。蒙人侍衞世世守之，我政府過去每年派員致祭，抑又何也。

元裔與明朝之戰爭

自朱明崛興，元順帝於一三六八年棄北京北走出塞，蒙古謂「入中國者四十萬騎，一騎不返。」戰志大沮。然當時元忽答一軍在雲州，失喇罕駐西涼，王保保據甘肅。衆尚數十萬。洪武三年，明徐達一軍出西安攻定西，在安定北敗王保保之軍，俘八萬四千餘人。李文忠一軍出居庸關，入沙漠，追元主，破應昌，獲元主孫買的里八剌及后妃宮人諸王省院達官士卒等，元太子僅率數十騎遁去，李文忠率精騎追至紅羅山，收降兵民四萬餘人而歸。元順帝旋殂，元裔皆各保部落，無力反攻。惟王保保在西北塞外之上都——和林奉元嗣主愛猷識理達臘，仍繼續與明力戰。元裔納哈出則據阿爾泰山，不斷窺邊。明太祖遣使招降，皆不從。洪武五年，明軍三道大舉出塞，中路由雁門關趨和林。三月，至土剌河，擊敗元軍，續與王保保戰於嶺北，明軍因驕而失利，精兵死者萬餘人，徐達斂兵而退。左翼李文忠一軍出東路至阿魯渾河，雙方力戰，勝負相當。蒙兵引去，明軍亦退，歸途迷失道，乏水，死者甚衆。右翼馮勝出蘭州，屢敗元軍，追至瓜州、沙洲，掠牛馬駝羊十餘萬而還，明廷以元裔不易遽滅，在山西、北平練兵防邊。八年（一三七六），王保保卒。明太祖稱其爲眞男子。時因明軍不斷出塞襲擊，元嗣主已棄和林，徙於阿爾泰山之北。納哈出攻遼東，又被誘入伏大敗。明勢更強。十一年元嗣主殂，子脫古思帖木兒立。洪武二十年（一三八七），明軍大舉北攻哈納出，藍玉爲統帥，三月，出松亭關，築大寧城以駐軍，六月，長驅而前，踰阿爾泰山，至女直若屯。哈納出不意明軍猝至，詣軍前乞降，明軍突襲俘之，盡虜其所部十餘萬人。次年四月，藍玉自大寧襲攻元主於捕魚兒海，元主率數十騎遁走，獲王、公主、妃、丞相、平章二千九百餘人，軍民七萬七千餘人。元主旋被其臣所弒，而立坤帖木兒，部屬多奔散，元裔日微。

洪武二十三年，明軍出古北口，襲迤都。元裔乃兒不花降。沙漠肅清。二十五年，明軍又敗西番及元裔月魯帖木兒之軍於川邊。惟元裔各部落仍在西北出沒，明命晉、燕、代、遼、寧、谷六王勒兵備邊，戒勿輕戰。永樂時（一四〇四），明棄關外之大寧，而在長城外設三衞以處降人。自西北大寧至宣府者爲朶顏衞。自東北錦州至遼河者爲泰寧衞。自遼河至鐵嶺開原者爲福餘衞。三衞之中，朶顏最強，大寧本兀良哈故地，降明後又叛附於元裔阿魯台。永樂於二十二年之中，四次親征兀良哈，及瓦剌、阿魯台一再大破其衆。卒平大寧，韃靼王子亦降。明宣宗宣德三年(一四二八)，兀良哈又反攻大寧，宣德親征，又敗之。厥後三衞叛服不常，時引元裔攻明。而瓦剌日強，脫歡殺阿魯台，併吞各部，屢犯塞北，英宗正統十四年（一四四九），瓦剌脫懽之子乜先攻擾三衞，英宗親征，宦官王振擅權，軍無紀律，五十萬人敗潰於土木，英宗被俘去，乜先入寇至北京，明廷立景帝，欲遷都以避之。兵部侍郎于謙力持不可，督諸軍拒戰，乜先失利，退出塞外，旋乞和送英宗返。景泰六年（一四五五），景帝病，姦臣擁英宗復辟，殺于謙。厥後，西北之土番與元裔，屢擾甘涼，據哈密，結西海（即青海），寇河西、阿孛剌、眞帖木兒、滿速兒、牙木蘭等，弱則叩邊乞和，強則仰關而攻，明廷應付失策。陝甘寧青，烽火不絕。而寧夏爲塞上天府，時稱河套，元裔毛里孩、阿羅出、孛羅忽、猛可、孛來等入據其地，立小王子之從兄脫思爲可汗，進擾延、綏、大同。明廷政衰，邊患日熾。至明世宗嘉靖元年（一五二二），小王子之孫吉囊、俺答，以套騎數萬大舉入固原、平涼、涇州，殺傷以萬計。嘉靖八年攻榆林、大同，九年入宣府塞，犯陝西及川邊。殺略吏民數萬。此後年年攻掠，明廷疲於防禦。十九年俺答、吉囊犯宣化、大同，入塞攻至尉州，大掠太原諸處，殺人盈野。二十年再攻入山西，越太原而南，至石州，殺掠甚衆。二十一年吉囊死。俺答與子黃台吉擁騎兵數萬三入山西，破雁門關，至平遙介休，大掠而南，北京戒嚴，明軍敗於汾水。俺答殺掠人畜十餘萬，始從廣武出塞而去。凡掠十衞，三十八州縣，殺僇男女二十餘萬，牛馬羊豕二百餘萬。二十三年，俺答入紫荆關。二十六年，俺答攻居庸關。二十八年（一五四九），俺答攻大同，進至懷來。二十九年秋，俺答越宣府，走薊州塞，入古北口，進至通州，大掠密雲、三河、昌平等處，進犯北京，要求互通馬市，明廷議與和。俺答旋掠西山、良鄉，出塞而去。嘉靖三十年（一五五一），明與俺答互通馬市。三十一年，俺答又攻明，馬市遂絕。明宣大鎮出兵數萬攻俺答，兵敗還。三十二年，俺答以二十萬衆攻古北口。明廷大震。薊遼總督楊博督衆固守，與俺答戰八日，俺答不得利退走。三十三年、三十六年、三十七年，俺答迭圍大同，殘破各堡。明廷命兵部尙書楊博出督宣大軍務。楊博獎勉能拒守之邊將，士氣大振。又築牛心諸堡，爲烽堠二千八百餘所，濬壕千餘里，宣大邊防始固。惟套騎仍不斷攻入晉北各地。四十二年，一度由墻子嶺突入至通州。迄至嘉靖四十五年（一五六六），仍攻宣府不已。明史謂『其精兵戴鐵浮圖，馬具鎧。刀矢銛利，望之若冰雪。然不輕與我戰，卽餘騎足扼我矣。』可見蒙兵甚強。

【附記】　歸化城外十五里華嚴塔有題記云：『朱朝大明國山西太原府代州崞縣儒學增廣生員段淸，字希濂。嘉靖三十九年九月十五日，韃兵大舉，攻開保塞。將一家近支六十口殺盡，止存淸一家大小五口。俯念斯文一脈，留其姓命。恩人達爾漢，帶回北朝。路逢房叔二人，段應明段茂先。又遇妹夫石枚淸。妻陳氏，男名甲午兒。官名段守魯。女安雙喜兒。次女賽喜兒。陳氏於嘉靖四十年四月初一日病故。閏五月十七日，妹夫帶甲午兒投過南朝去了。六月初八日留名。』

觀此題記。當時俺答屠掠之殘酷，遭難人民生離死別之慘痛，可謂歷歷如繪。

（淸錢良擇出塞紀略）

俺答據寧夏靑海歸綏，攻擾中國四十餘年，甘陝晉冀各省，爲之殘破不堪。惟因大同宣化兩鎮，始終拒守。俺答又不結合在內外蒙之元裔。故未能圍攻北京。僅入長城線到處焚掠而已。明穆宗隆慶四年（一五七〇）。俺答年老淫昏，強娶其外孫女三娘子，其孫把漢那吉憤而降明。俺答內愧，其妻又日夜尤俺答，恐明殺其孫，俺答始與明言和。明封俺答爲順義王。遣那吉返。明神宗萬歷九年（一五八一），俺答死。子黃台吉又納三娘子。十四年，黃台吉死。子撦力克襲位，與三娘子正式合婚。三娘慕華化，主以明和，明封三娘子爲忠順夫人。蒙人亦因西藏喇嘛之言，知信佛法而戒殺掠，元裔攻明之邊患始止。惟西域從此隔絕。明之統治權力，僅達甘涼。玉門以西，棄如甌脫矣（本篇資料係根據明史紀事本末）。

五族共和與各族同化

中華民國立國的基本政策，是漢滿蒙回藏五族共和。其發展與形成，則漢族由西北入中國，自黃河流域、長江流域而珠江流域，與當地人民混合，遂建成一統一性的中國。滿族則自東北松花江流域進入中國而同化於中國。蒙族則自北方斡難河、土拉河流域進入中國，大部分同化於中國，其留居蒙疆者，仍保持蒙俗。回族則有自中亞東遷者，有本在中國西北者，九世紀時爲回紇、回鶻。回族篤守回教，在中國境內者，生活文化已皆同化。藏族則曾自西南藏境發展至西北及西域，十二世紀中，又返回藏境，篤信佛教，生活文化與國內異。然漢滿蒙族人士，信仰西藏佛教者甚衆。故至二十世紀，五族之間，已和諸混合，無仇恨衝突之可言。

中國境內，本有蠻、夷、戎、狄、苗、氐、羌、賨、傜、僮等少數民族，多與漢族同化。惟另有若干大民族，則有分有合。玆分述如下：

一、匈奴：匈奴在公歷紀元前二世紀，非常強大，與中國的漢朝爲敵，到了公歷前一世紀中期，因五單于爭立，分裂衰弱，一部分款塞附漢，一部分越過烏拉山，遠赴東歐。其附漢者歷三百餘年，至南北朝時皆已同化。西遷者卽爲今之匈牙利。

二、鮮卑：鮮卑於四世紀時，曾自東北西北入主中國黃河流域，建燕及北魏、北周諸朝。燕與北魏、北周皆爲東胡鮮卑族。族同而部落不同。故燕興於東北，北魏興於朔方。北周則興於西北。因在中國久，慕中華文化，至六世紀以後，皆同化於漢族。

三、突厥：突厥於六世紀以後崛興，破滅柔然及嚈噠，雄長西域，與唐爲敵。至七世紀中（六三〇），唐滅東突厥。擒頡利可汗。續破薛延陁及附屬突厥之回紇各部。又平西域高昌、焉耆、龜玆諸國，設都護府，唐威遠震，稱天可汗，突厥各部多降。一部分西走者，在中亞、西亞，建西突厥。與東羅馬通好，共攻波斯。而向唐朝貢。其不西遷而留居西域及蒙疆者，此後多與當地民族混合（或亦稱爲東突厥，但非獨立國）。至八世紀中（七四五），大食、回紇、吐蕃興起，西突厥衰落。康居及吐火羅，皆被大食吞併。然至九世紀中葉（八四二），大食政權落入突厥人之手。突厥遂向西發展。九九九年且併波斯，惟西突厥之十姓可汗則先已向唐臣服。唐待之亦厚。故平安史之亂，唐曾借回紇、突厥之兵（七六三）。比至唐末（九〇四），沙陀尙助唐破黃巢，沙陀係東突厥之支裔，入華者後皆同化於漢族。在塞外者，多與吐蕃、回紇、蒙古混合。

四、契丹：契丹爲東胡族。十世紀中葉強大。建遼邦，至十二世紀中葉始亡。人民多同化於漢族。一部入中亞細亞建西遼者，則與回族混合。

五、女眞：女眞族興於十二世紀之初，入中國北部，建立金邦。亡於十三世紀之中葉（一二三四），遺民入中國者多漢化。其支裔在建州者崛興，於十七世紀中葉入中國建清朝，是爲滿族。

綜觀中國各族之同化，多者歷時千年，少者亦數百年，皆由貿易、通婚、文字傳習，及生活習慣的逐漸相同而形成。其力量之偉大，遠逾於武力之強迫征服。中華民國建立時，以「五族共和」爲言，全國瞬告和平統一。當時開國偉人識見之遠大，允爲往昔所未有。所可惜者，後人不知民族諧和同化之因果關係，尙墨守清朝之舊觀念、舊方法。或侈然自大，摹仿歐洲人之優越感及唯利是圖思想，遂致民族之間，時常發生不愉快之衝突，而尤以西北爲甚。惟憲政實施後，國內各民族權利義務一律平等規定於憲法。中國各民族之自尊感與自卑感皆已消逝，各族當可以諧和無間，易於團結。而同化基礎，已經紮實，更無一民族希望再行分裂，自找痛苦，尤爲我民族前途之光明。

蒙疆紀程

蒙疆廣袤萬里，其原始境界，過去無一定界說。因廣漠大野，逐水草而居，自西南之帕米爾高原，以迄東北之外興安嶺。自唐以後，皆有蒙古尼倫部、蒙古與突厥混合之非尼倫部，遊牧其間。而突厥、吐蕃、回紇、畏兀兒、契丹、女眞、韃靼等多種民族部落，又錯綜崛興於其間。逮成吉思汗興起，併合蒙族各部，又征服非蒙族各部，蒙古本部之境界始定。惟自元以來，國人記述蒙地情況者甚少。玆摘錄數種如次：

一二四七年六月，太原人張耀卿奉蒙主召，由鎭陽赴和林——大都。行月餘方至。重九日，蒙軍會於大牙帳，灑白馬湩，修時祀，每日大宴。食以羶肉爲常，粒米爲珍。張氏留十閱月而歸。著有邊堠紀行。實尙未深入蒙境。康熙廿九年，內大臣馬思哈隨軍入蒙。其行程爲自張家口起，每日宿營處，爲五十里查汗駝羅哈打八——六十里十八喇太。——五十里哈喇巴喇哈搜（度大巴汗嶺）。——七十里阿哈苦里。——九十里查汗那羅湖。——七十里迭劣。——七十里八哈嶺。——五十里烏蘭阿爾奇。——六十里著多賀。——七十里答布孫多。——九十里查汗多羅。——一百里岳家羅。二十里巴蘇太呼圖。——八十里查汗西里。——六十里拜澤布勒。——四十里歪風呼土（自張家口至此，計行千里，始入瀚海邊界）。三十里西勒布勒都。——六十里刻勒蘇太。——六十里哈魯尼都。——四十里如烏黑里太商答。——八十里阿里寧都搜基（乏水）。——七十里朱爾歸（始有泉）。——八十里得勒蘇太。——七十里哈那哈代布勒。——五十里伊勒呼。五十里烏蘭苦布流（始至瀚海西北邊界）。——五十里古魯撲禿魯（始出瀚海，計經行瀚海五百九十里，歷時十三日）。——一百里納拉。——六十五里烏禿魯布拉。——五十里巴納黑都哈答。——六十里答布胡都。

馬氏隨軍至答布胡都，已入內蒙境，因準部犯邊之軍繞出其後，遂率軍繞道而返，回至朱爾歸後，更道行軍一千餘里，而至四十九旗蒙古地。知敵近，急兼程與大軍會，再行一千餘里而至烏蘭布通，始與噶爾丹會戰。清軍大捷，噶爾丹遁走。清軍亦歸，每日行七八十里，行二十日方至古北口。馬氏著有塞北紀程。其所至皆在內蒙古境內。

先於馬氏二年，康熙廿七年（一六八八），錢良擇隨軍入蒙，係由南口出居庸關，由沙城宣府至張家口出塞，錢氏之出塞紀略，多記途中風土景物，而每日往往不記地名。計於五月初八日北行，十八日至歸化。繼隨索額圖之東路軍，於二十一日出發，沿陰山之麓而行，二十八日軍抵哈喇烏素。三十日至哈輪阿巴兎不喇，爲蒙古四十九旗極北邊界。六月初九日，軍至齊爾兎，見外蒙（喀爾喀）土謝圖汗部落數萬人，策駝馬奔走南遷。係因被準部所敗。繼而車臣汗之敗聞亦至。清軍惶亂，謠聞準部（厄魯特）將至，幾告潰散。旋回師，十六日，至烏奴蘇太，馬饑水竭，軍不能行。次日，行三十里，遇奇石岡，二十餘里中，萬石林立，奇形詭狀，石下有井水及草，馬始獲救。不得已屯兵以待。廿六日，康熙兩侍衞馳到，命班師。七月十八日抵喀嚕，八月初八日回抵張家口。此次師行六、七千里，不見敵而歸。途中苦渴，馬死二萬七千餘匹。將士暍死者數千人，尙僅至外蒙邊境。

康熙三十四年（一六九五），清兵又出塞，此次準備較週。度瀚海後，於五月初四日抵土剌河，十三日至昭莫多，與準部戰，清軍大捷。殷化行著有西征紀略。

雍正十一年（一七三三）六月，清軍出塞，入蒙、疆，攻準部。中書舍人方觀承隨軍，著有從軍雜記。軍仍出張家口，行四十七台而至烏里雅蘇台，歷時月餘。由北京至此計六千餘里。中經瀚海，凡七日程。蒙軍來會。清軍統帥旋自烏里雅蘇台進駐科布多城。蒙軍渡科布多河，前進千里，以十一月度阿爾泰山，越二千里至額爾齊斯，準部退走（阿爾泰山爲天山北出之脈。沿新疆北邊，跨額爾齊斯及葉尼塞兩大河。其幹脈則入蒙古科布多，至札薩克圖部。其支脈分布於蒙古西北部者，爲唐努山、頡䪊山等。北出之薩彥嶺，則爲中俄間之界山。故蒙、疆之中心，當以阿爾泰山爲準）。

清廷分蒙、疆爲內外蒙古。漠南爲內蒙古，分六盟（東四盟在東三省及河北、山西邊外，西二盟在陝甘長城以北）。鄰近東三省哲里木一盟之十旗，至民初多已開發放墾，牧地成爲農場。有心史氏等發表之旅行記。又京張鐵路通後，赴內蒙較易，民初陸邦彥著有內蒙紀行，其歷程爲張家口——土井子——石巴爾台——察汗庫倫——板申烏蘇——大木啦耳——鑲黃旗大廟——古司克嘎勒——行廟——查汗多羅蓋嘎勒（白頭河）——特合圖蘇木（彙思寺）——得羅廡——白利恒廟——鷄其開——葛地里音博落葛廟，至此爲內外蒙交界之地。由此北行，二十日程可至外蒙庫倫（現張家口至庫倫已建成鐵路及公路，三日可達，今非昔比矣）。

時外蒙方倡獨立，陸邦彥遂至烏呼坨拉吉拉更蘭坨呼都克（呼都克井也），循大道南歸張家口，其歷程爲四庫倫呼都克——海牙呼都克——牛登布魯克（布魯克水泉也）——海布魯克——巴不害呼都克——好那札布——札蘭廟——八蘭蓋廟（入沙漠地區）——耳山頭廟——白利恒廟——得利斯台——多落廡宿——特合圖廟（沙漠地區）——察汗托羅蓋（以上各地爲內蒙南部，雖沙漠而有水泉）——紅果鄂博——阿端出魯——察汗諾爾——大淖——狼窩溝——張家口。陸氏此行，歷時八日，行程達三千餘里。（一部份通汽車）

後於陸氏者，有張相文之塞北紀遊。張氏係民三由北京乘火車至大同。由大同坐騾車北行。其歷程爲大同——高山營——牛心堡——殺虎口（出長城）——涼城縣——薩必捺爾（和林縣屬）——經青塚而至歸化。歸綏時甚安定。張氏遂由歸化乘馬西行。其路線爲歸化——畢克齊（在大黑河邊，甚繁盛，即武川、宇文泰、楊忠、李淵、李克用、石敬瑭等皆生於此數百里之間）——道升——薩拉齊——唐磴口（渡黃河）——達拉特營盤（達王所居，伊克昭廟在其東北）——包頭（西北大市鎮）——繞烏拉山南麓行，七十里至土阜馬腦——蘇布圖——哈喇烏蘇——傍烏拉河行至留雲——白家地（天主堂墾地）——五原——由五原西南行，七十里至烏家地——哈不特——強家油坊——黃羊木頭——大中灘，由黃河乘舟而歸。張氏之遊，僅為河套之蒙地。綏遠、寧夏兩省之墾區。當時旅行之難如此。茲則包頭已成為西北鐵路中心，至大同、蘭州、張家口、庫倫皆已通車矣。

內蒙古察哈爾省間多沙漠，歸綏、寧夏、青海則土壤肥沃，昔日遊牧之地已多開墾。外蒙古更山水明秀，生產甚饒。惟氣候苦寒，清李德作喀爾喀風土記，謂七月雨雪，五月始釋，一年之中，僅一個月不見雪。但有氈帷煖炕，亦無凍死者。牛羊既多，人皆饜飽。清時蒙胞甚好客。與漢滿各族和諧無間。入民國後，俄人一再煽惑外蒙獨立，威脅利誘，武力控制，無所不為。第二次世界大戰將終時，雅爾達會議，史太林誘脅英美同意外蒙以公民投票方式，是否贊成獨立。結果蒙胞在記名投票方式之下，不敢反對。外蒙遂告「獨立」。

蒙古之稅課

蒙古各帝國及汗國，時間長而疆域廣，各時各地稅課人民之方式不同。須有專著，方能詳述。大略言之。則蒙古興於武力，長於征戰，攻掠所得，上下俵分，征服地區之財貨，皆為所有，人民則為臣屬，或為工匠及奴役。故在蒙古初期發展時，並不重視財政，亦無理財方法。惟征服地區既廣，帝國建立，雖分封土地，分建各大斡耳朵，而部隊經常糧食物品之供應，對宗親及功臣之「賜賚」，不能無經常收入。蒙俗本僅課民以羊馬牛駝，每百匹每年獻納若干匹，至是更須金銀珠貝，布帛衣服及各種物品。而蒙人多不長於會計，故用色目人（畏兀兒人、回鶻人及西域回人之統稱。）掌管財政，徵賦課稅。汗、王、妃、主，亦漸知貸放斡脫兒錢。以一年一倍之高利貸貸給官民，名為羊羔兒息以罔利。又要撒花銀，向人民強迫誅求。而管財收稅之色目人更多貪而苛刻。如忽必烈任用之阿合馬、桑馬等，皆榨稅各種物產，纖屑不遺。內通貨賄，外示刑威，並縱容姦人「撲賣」天下酒課、銀課等，人民飽受剝削，無不怨恨痛苦，思食其肉。（在俄者徵稅不足，則掠去其子女為人質，苛暴與在中國者略同。）其間蒙古君主亦曾嚴懲若干貪賄不法之色目人。然蒙古君主好賜與，無預算，揮霍成性，本身需要更多之金帛珠寶，以供用度，遂無法不用貪酷之色目人理財。（至大元年，朝會一次即賜三百五十萬錠。）雖耶律楚材、賽典赤等，曾說服大汗，令禁若干苛稅暴徵。（如斡脫官錢後限為對本對利，不許積累倍加。）而收效未能普及。此所以漢民不服，不百年而豪傑競起以亡元。西域及俄疆各地人民亦不服，不斷叛亂，並嗾使各汗分裂互爭。藉以擺脫若干不堪忍受之苛徵。統而言之，蒙古聲威及政治組織，多被財政經濟措施之不良而破壞。此則治蒙古史者所應探究者也（本文係參考孫克寬所著發表於大陸雜誌之元史研究論文）。

帖木兒破滅諸國考

帖木兒之崛興，與成吉思汗先後相距一百七十年。其武烈聲威大致相同。故帖木兒亦曾一度自稱爲成吉思汗。後則因信從回教，自稱爲蘇丹 Saltan（或譯爲莎勒壇）。

帖木兒之起兵，始於一三六四年，係與其姻兄異密忽辛結合，同謀恢復河中，而與者台汗國作戰。結果戰勝，將佔據河中之也里牙里火者逐出。者台汗國亂，叛臣哈馬兒丁簒國。殺也里牙里火者。帖木兒用兵五次，始滅哈馬兒丁。佔有河中及花剌子模。因當時兵力，彼此相等，其間作戰，非常艱苦，計歷時十年（一三七〇—八〇），霸業始定。帖木兒與忽辛，亦如成吉思汗與札木合，先合作而後爲敵，忽辛在巴里黑被圍請降，仍被帖木兒所殺。至是，帖木兒自稱爲成吉思汗之繼承人，察合台汗國之君主。實則帖木兒並非察合台之後裔。然其新興勢力，統馭天才，及作戰能力，極爲蒙人及突厥混合族人所擁護，形成一種狂熱，軍隊之驃捷勁悍，又恢復往昔之特色，其發展遂亦同於成吉思汗，所向無敵。

當一三七五年時，欽察亂起，白帳汗國之兀魯思汗，擊敗克里米亞汗國之脫脫迷失汗。次年，帖木兒助脫脫迷失奪回失地。四年後，大（金）帳汗國馬買汗被俄斯拉夫人所敗，帖木兒助脫脫迷失乘機侵入，殺馬買汗而命俄人臣服，俄人不從，帖木兒遂進兵入俄境，焚莫斯科城。又敗立陶宛之兵於坡勒塔哇（Poltawa），經此一擊，俄人雖被征服，而俄境各小國獨立之局面消逝，反有助於此後俄人之統一。

一八八〇年，帖木兒四十四歲，率軍西渡烏滸河，入呼羅珊（Khorasassan），侵略波斯。當時伊兒汗國分裂，成爲四國。情況如下：

一、胡耳國（Kourt） 君主名加速里阿丁，名爲蒙裔，似非蒙人（因其祖有斡思蠻之稱），據有波斯西北及附近諸地，都於哈烈。

二、木偰非兒國（mozafférides） 君主名沙叔札，係阿剌伯人。

三、札剌亦兒國（Djeláirides） 係伊兒汗旭烈兀之後裔。君主爲阿合馬。據有巴格達，帖必力思兩地，並包括美索波塔米亞區域。

四、撒兒別答兒國（Serbédârân） 君主名阿里摩訶末，似亦非旭烈兀之裔，而與胡耳國相似。據有撒卜匝瓦兒（Sebzêvâr）一帶，篤信十葉教。

此外波斯北方諸州，尚有若干蒙裔小國。分附各國而不統一。

帖木兒進攻波斯，先攻胡耳國，入哈烈，國王乞降。帖木兒續進至俺都淮、撒剌哈夕、塔格巴的各地，木偰非兒國遣使乞和。一三八二年，帖木兒掃蕩波斯北部，古兒干、禡桚答而、昔思田、疾里各地之蒙裔小汗皆降。撒兒別答兒國君王亦降。呼羅珊、建答哈兒、謝亦斯坦各地，至次年皆略定。

一三八三年，在哈烈之部衆反抗帖木兒，帖木兒之子米蘭沙時自北方班師，討平叛軍，毀其城，殺胡耳國王，俘其宗室諸王至撒兒馬罕，胡耳國亡。撒兒別答兒國諸王亦被俘去。次年，帖木兒再伐北部，重定其地。

欽察汗脫脫迷失叛帖木兒，一三八五年，在阿美尼亞之庫剌河，與帖木兒作戰。帖木兒失利。子米蘭沙以援軍至，始轉敗爲勝。帖木兒釋欽察之俘，告以己待脫脫迷失若子，乃忘恩負義云云。次年遂開始大遠征。歷時三年，略定法兒只、伊拉克、阿哲兒拜展三地。取帖必力思。札剌亦兒國王出奔。帖木兒續渡阿剌思河，殘破谷兒只，並略定小亞細亞各地。木偰非兒國之亦思法杭城民變，殺稅吏大半，帖木兒以軍入法兒思平亂。屠城民七萬人。木偰非兒國王等皆降附。

一三八八年，欽察汗脫脫迷失侵入河中，敗帖木兒之軍於陳格來。帖木兒自波斯馳援，脫脫迷失退走。次年又入侵。帖木兒迎戰，欽察軍退走，帖木兒追至北方太陽四十日不沒之地（今挪威一帶），一三九〇年，帖木兒追及敵軍，命子烏馬兒灑黑率全軍猛攻，兩軍人數達八十萬。結果脫脫迷失大敗，棄國而奔谷兒只（喬其亞）。

一三九二年，帖木兒又平波斯各部之反叛，並消滅裏海諸州之異教徒。次年又進兵法耳思，釋被囚之木偰非兒國王，而盡殺反抗後又乞降之諸王，木偰非兒國遂亡。在法兒思伊拉克之良匠，皆俘送撒兒馬罕。並命札剌亦兒國王入朝。其王阿合馬不從，帖木兒進攻巴格達，札剌亦兒國王出奔，先至西利亞，幾被追兵追及，以計得脫，逃至埃及。帖木兒遣使至埃及，埃及殺之。以兵助札剌亦兒國王反攻。收復巴格達。帖木兒則攻入忒克里惕、馬兒丁各地，聚髑髏爲京觀。因長子烏馬兒灑黑中流矢戰死。命孫皮兒摩阿末代爲波斯長官。已則進攻至阿剌思河，取奧尼克堡。又侵入谷兒只，取梯弗利司。一三九五年，欽察汗脫脫迷失沿裏海掠失兒灣之地，帖木兒遽引兵入欽察，抄掠至莫斯科，據其地年餘。又平波斯沿海各地之反抗。而在中亞撒兒馬罕大興土木。其宮室之壯麗，時譽爲世界之冠。

一三九八年四月，帖木兒攻印度，由阿富汗、喀什米爾而入印度，五月終逾印度河，屢戰屢捷，屠殺俘虜十餘萬人。沿途屠殺刼掠，十二月，大敗印度德里君主馬合木三世之大軍（包括阿富汗及剌者普惕之兵）。次年一月，攻入德里，停留十五日，將壯麗之都市幾燬爲廢墟，軍民屠殺殆盡。因聞波斯又亂起，遂將印度所得之國土，分給諸將，率軍而歸。在歷時五個月又十七日之中，印度軍民死者百餘萬，都市及城堡鄉村，毀滅者不計其數。

一三九九年四月，帖木兒回至撒馬爾罕。認爲埃及蘇丹之子滅里納昔兒法剌只，與波斯的哈剌余速甫，助札剌亦兒王復入巴格達，略平西利亞，侵入阿哲兒拜展，以及斡禿蠻蘇丹巴牙的的一世侵入西瓦思，及馬剌梯牙。形勢日強，乃心腹之患，遂決心大舉攻擊，當於九月出兵，開始七年戰爭。先至阿哲兒拜展，責其子米蘭沙神志昏亂，誅其近幸數人。旋進兵薛兒客迷，討伐可薩人與谷兒只人之亂。侵入哈剌巴黑，第二次殘破谷兒只之地，毀教堂道院，屠殺居民。次年（一四〇〇）春，還軍小亞細亞，攻克西瓦思城，及馬剌梯牙城，守兵信回教者免死，信基督教四千人皆被活埋。繼即進兵西利亞。攻破阿勒坡。盡屠內堡人民。毀其建築。續克哈馬、洪木思、巴勒別諸城，進向大馬司，居民乞降。帖木兒入城後，盡俘居民為奴婢。掠取財寶，而將巧匠良工俘送撒馬爾罕。一四〇一年，蒙軍圍攻巴格達，札剌亦兒國王時在毛夕里，托庇於斡禿蠻。守城者為長官法剌只，七月十日，城破，法剌只一家皆死。帖木兒下令屠城，黑衣大食五百年來之建築學校教堂等皆毀，遺跡至今尚存。

大馬司攻克後，帖木兒赴帖必力思（Tauris），並徵調新軍，進取谷兒只，取塔兒禿木，克馬黑、哈魯諸堡，向安哥拉攻擊斡禿蠻。時斡禿蠻之君主巴牙的卽亦已集中兵力，雙方戰士數達百萬，且有戰象多頭。一四〇二年六月二十日晨起，展開大戰至夜半，因斡禿蠻右翼之小亞細亞部隊叛變，投降帖木兒。兼以天氣酷熱，斡禿蠻軍乏水，雖作戰甚勇，結果大敗。五十餘萬之衆瓦解冰消。巴牙的卽的親統之部卒萬人，悉數戰沒，巴牙的卽的突圍，馬蹶被擒。帖木兒初尚禮待，巴牙的卽的思脫逃，遂被囚。於三月九日憤恚而死。其子請將遺骸歸葬，帖木兒許之。進取卜魯思，毀其城，辱其婦女，又攻入思米兒奈城及額菲思城，基督教民未能逃者皆被屠殺。埃及蘇丹遣使乞和，承認爲藩國。且贈麒麟等物品。谷兒只各部亦稱臣入貢。美索波塔米亞，及迦思迪刺各地皆乞降。法蘭西王亦遣使稱其爲「無敵者」。惟巴牙的卽之子孫，仍在小亞細亞各地繼續堅強反抗（巴牙的卽的之孫麻合木一世後進據君士坦丁堡，在歐亞之間，建立土耳其帝國）。

帖木兒意欲統治全亞洲，征服中國之明朝。一四〇四年在撒馬兒罕舉行大宴會，爲諸孫舉行婚禮，並頒布若干詔敕法令以後，集合步兵二十萬，騎兵之數過之，十一月，東向渡過烏滸河，至兀答剌兒（今新疆西邊）。欽察汗脫脫迷失時遁居於西伯利亞之東部，遣使請和，帖木兒許之。次年（一四〇五）二月，帖木兒得病，疾亟，召集諸大臣囑以後事。命孫皮兒摩訶末只罕傑繼位。十八日死。年七十一，計在位三十六年。用烏木作棺，歸葬於撒馬兒罕，攻明之軍亦解歸。

綜觀帖木兒一生，破滅國家之多，帝國疆域之廣，與成吉思汗可謂後先輝映。惟帖木兒縱橫於中亞、西亞、印度、俄境及歐亞非三洲之間，爲西歐人所懼。成吉思汗則縱橫於蒙古本部、東亞、中亞、西亞及俄境、歐亞之間，爲東歐人所懼。彼此先後不同。而成吉思汗逝後，蒙古帝國隆盛百餘年，帖木兒逝後，其帝國卽告分裂。至於成吉思汗容納各宗教，帖木兒則專信回教。成吉思汗以撒馬兒罕爲行都，意欲以和林爲大都，帖木兒則大治撒馬兒罕宮室，而以哈烈爲行都，其用意一爲重視東亞，一爲重視西亞。此二雄傑，在政治軍事方面，皆爲天才。帖木兒之對手，如欽察之脫脫迷失，埃及之蘇丹，波斯之各王及黑羊朝之哈剌余速甫，斡禿蠻之巴牙即的，皆擁有強大兵力，狡悍敢戰，較諸成吉思汗時之對手，乃蠻、西遼、金邦、西夏、花剌子模等遠爲堅強。故帖木兒之創業，較成吉思汗更不易。

新元史中帖木兒傳，敍述層次不清，讀者不易了解。布哇所著之帖木兒帝國，引徵史料甚博。(註)但眉目亦因時述瑣事及私事而欠清楚，茲述各國被破滅及臣屬之大概，藉知此一怪傑之毅力，爲不可及，中國之能倖免其蹂躪者天也。

【註】布哇之帖木兒帝國一書，馮承鈞譯，商務印書館出版。此書史料，計採用波斯散文及突厥詩篇之武功記。舍利甫丁之武功記(有英法譯本)。波斯文之紀錄及律例(或指爲僞書)。感興錄、印度遠征記、穿厥語編年史、哈非思阿不魯所撰之編年史之精髓。本阿剌卜沙撰之帖木兒之僥倖。阿剌伯文之景色之園。迷兒晃的所撰之純潔之園。中亞人奧都剌匝克所撰之兩幸福之會合。韓都剌所作之詩歌。韓邁兒所撰之斡思蠻帝國史。以及在君士坦丁刊行之國書公牘。中國史家之各種記載。西方史家之各種記述——如波斯史、古代穿厥斯坦與中亞汗國史、波斯文學史、中亞之突厥、亞細亞史及東方叢刊等。

附錄二：

蒙古各部落及各地今昔名稱表

蒙古尼溫各部落　在斡難（Onan）、怯綠連（Kerauran）兩河流域。今外蒙古境內。

蒙古都兒魯斤各部落　在外蒙境內，一部分在內蒙，一部分在靑海、寧夏、新疆，遠至貝加爾湖以南。

肅良合東胡部落　在東北高麗附近各地。今東北及蘇俄遠東省。

契丹——乞塔惕　在東北高麗附近各地。今東北及蘇俄遠東省。

女眞——主兒扯　在東北高麗附近各地。今東北及蘇俄遠東省。

塔塔兒六部　在捕魚兒海附近。

札剌亦兒　在斡難河北。

蔑兒乞惕　在薛靈哥（Sāl-äng）、斡兒寒（Orkhon）流域。

克烈惕　在斡兒寒，禿剌流域。

禿馬惕——土默特　今西藏。

乃蠻國——奈曼　南部乃蠻在杭愛山、阿爾泰山（Altai）之間。今唐努烏梁海一帶。皆其國土。北部乃蠻則在阿爾泰山之北，科多布流域。

兀兒速惕、帖良古惕、客思的速三部　在貝加爾湖西，昂哥剌（Angara）河東森林中。

乞兒吉思、謙謙州　在謙河沿岸。（即唐之黠戛斯，其人黃鬚髮，綠睛。）

巴兒忽惕　在貝加爾湖東，巴兒忽眞河流域。

伯岳吾惕　在貝加爾湖以南。

斡亦剌惕　在玉須河上流，謙河一帶，與乞兒吉思爲鄰。

汪古惕　在河套北陰山一帶，今寧夏一帶。

唐兀惕（Tangout）——西夏　都銀川，疆域爲今之寧夏、甘肅、青海一帶。

畏兀兒——回紇殘部　在新疆東部吐魯番一帶。時稱獅子國。

哈喇魯　在新疆西部伊犁河一帶。

哈喇契丹——西遼　都八剌撒渾，在中亞垂河一帶，爲中亞大國。今烏孜別克，及新疆焉者、庫車、伊犁等。

河中（Transoxiane）　本附西遼，都撒馬爾罕，在中亞昔渾（藥殺水）只渾（阿母河）之間。今帕米爾高原及碎葉川一帶皆屬之。

花剌子模（Khârezm）——回回國　都玉龍傑赤。區域爲今之阿富汗斯坦及波斯。（印度之一部分及西遼之一部分亦曾一度佔領。）

撒馬爾罕(Samarkand)　本係花剌子模新都。後爲蒙古在中亞之中心。今烏孜別克首都。

法兒斯

依剌黑——伊拉克

報達(Bagdad)——巴格達　今伊拉克首都，被旭烈兀及帖木兒一再征服。其地先爲黑衣大食回教哈里發所駐之聖城。後爲突厥蠻黑羊朝、白羊朝所據。當時之故都爲苦法，即亞俱羅(Aqula)。

阿勒坡(Alep)

魯木　在小亞細亞，突厥蠻所建之國。

大馬司(Damas)

苫國(Sam)　在西利亞(Syrie)，附於埃及。

密昔　今埃及。

曲兒忒部　在波斯魯木之間。

高加索(Caucase)

谷兒只(Géorgie)——喬治亞　在高加索嶺南，今俄屬。

阿速，薛兒客速惕　在高加索嶺北，今俄屬高加索。

康里部　在鹹海以北，今俄屬。

巴只吉惕　在兀剌勒水（Ural）上流。

孛剌兒　在伏爾加河（Volga）上流。

欽察（Keptchak）　在裏海、黑海以北。

斡羅斯——俄羅斯　當時指在烏拉嶺以西之歐洲俄羅斯——時分立爲各城王侯。

孛烈兒——波蘭

馬札兒——匈牙利

契丹——遼人　遼東及華北之契丹人，已漢化者。

金邦　都北京，後遷汴梁。中國之北部。

高麗　今南北韓。

宋朝　都杭州，中國之南部。

安南（Tonkin）　今越南（包括寮、高棉）。

大理　今雲南全境。

土番（Tibet）　今西藏。

緬甸（mian）　今緬甸。

八百媳婦　今泰國，當時稱暹(Siam)。

印度　今印度及巴基斯坦。

土耳其——突厥蠻　時稱斡思蠻（Osmanlis），斡禿蠻（Ottomans）（奧圖曼）興起後建都於卜魯思。（Brausse）其包括之疆域，遠較今之土國廣大。

阿剌伯——阿剌畢（Arabie）　今敍利亞、沙地阿拉伯。

吉那哇　克里米亞（Criméł）半島。

哈烈（Hérat）　在波斯西北部，本爲伊兒汗國胡耳朝都城。後爲帖木兒系都城。

默伽——麥加。

安西兒　今安哥拉。

帖必力思（Tauris）　帖木兒時，爲小阿美尼亞之商業中心，代巴格達而興。

禡桚答兒（Mâzenderau）古兒干（Gourgân）　波斯北部二州，近裏海。

剌夷（Rey）　在波斯之北。

呼羅珊——忽剌桑（Kharassan）　波斯之重要地區。

阿哲兒拜展（Azebaïdjân）

美索不達米亞（mésopotamie）

小亞細亞（Asie　mineure）

西利亞（Syrie）　今近東大馬士革一帶。

孔士坦丁堡——君士坦丁堡（Constantinople）　今土都伊斯坦堡。

中華史地叢書
蒙古史綱

1912

作　　者／高越天　著
主　　編／劉郁君
美術編輯／中華書局編輯部

出 版 者／中華書局
發 行 人／張敏君
行銷經理／王新君
地　　址／11494 臺北市內湖區舊宗路二段181巷8號5樓
客服專線／02-8797-8396　　傳　　真／02-8797-8909
網　　址／www.chunghwabook.com.tw
匯款帳號／兆豐國際商業銀行　東內湖分行
067-09-036932　中華書局股份有限公司

法律顧問／安侯法律事務所
印刷公司／維中科技有限公司　海瑞印刷品有限公司
出版日期／2015年3月再版
版本備註／據1972年8月初版復刻重製
定　　價／NTD 266

國家圖書館出版品預行編目（CIP）資料

蒙古史綱 / 高越天著. -- 再版. -- 臺北市
：中華書局, 2015.03
面 ; 公分
ISBN 978-957-43-2408-8(平裝)

1.蒙古史

625.7　　104006397

NO.G0020
ISBN 978-957-43-2408-8（平裝）